面向"十三五"的省馆服务功能定位研究

王 兵 主编

國家圖書館出版社
National Library of China Publishing House

图书在版编目(CIP)数据

面向"十三五"的省馆服务功能定位研究/王兵主编. --北京:国家图书馆出版社,2017.7
ISBN 978 - 7 - 5013 - 6167 - 0

Ⅰ.①面… Ⅱ.①王… Ⅲ.①公共图书馆—图书馆服务—研究 Ⅳ.①G258.2

中国版本图书馆 CIP 数据核字(2017)第 169978 号

书　　名	面向"十三五"的省馆服务功能定位研究	
著　　者	王　兵　主编	
责任编辑	高　爽	
出　　版	国家图书馆出版社(100034　北京市西城区文津街7号)	
	（原书目文献出版社　北京图书馆出版社）	
发　　行	010 - 66114536　66126153　66151313　66175620	
	66121706（传真）　66126156（门市部）	
E-mail	nlcpress@ nlc. cn（邮购）	
Website	www. nlcpress. com ──→投稿中心	
经　　销	新华书店	
印　　装	北京鲁汇荣彩印刷有限公司	
版　　次	2017 年 7 月第 1 版　2017 年 7 月第 1 次印刷	
开　　本	880 毫米×1230 毫米　1/32	
印　　张	6.5	
字　　数	125 千字	
书　　号	ISBN 978 - 7 - 5013 - 6167 - 0	
定　　价	38.00 元	

本书编委会

主　编：王　兵

副主编：朱志伟　李　浩

编　委：丁　勇　戴广珠

　　　　郑蓓怡　穆　晖

目　录

前　言

　　党的十八大和十八届三中全会对构建现代公共文化服务体系提出明确要求以来,加强公共文化服务体系建设的意义,已上升到涉及社会主义核心价值观和道德建设,关系到民族精神、国家长治久安和核心竞争力的高度,各系统各地方都在精心组织和实施将伴随整个现代化进程的现代公共文化服务体系建设,江苏要在全国实现两个率先,理应在现代公共文化服务体系建设方面有先行的理论研究和实践。作为江苏省级公共图书馆的南京图书馆,"十一五"期间曾提出努力打造"国际先进、国内一流"现代化图书馆的奋斗目标,2012 年曾受到来馆的文化部督导组专家的充分肯定。2014 年,南京图书馆又成立课题组,围绕着构建公共文化服务体系建设的总目标,主要从办馆理念、读者服务、人才队伍、硬件设施、文献资源建设等方面,面向"十三五"省级公共图书馆应选择的路径和采取的保障措施,结合南京图书馆"十三五"业务发展规划的研讨,主要就省馆的服务功能定位开展较为深入的理论研究,以期对所在馆以及其他省级公共图书馆"十三五"规划的研定起到积极的理论先导和示范作用。

在南京图书馆两届主要领导的支持和指导下,本课题组得以顺利地于2014年年底申请成为江苏省图书馆学会重点科研项目。经过一年多来课题组全体成员的共同努力,终于在2015年12月中旬按时并超额完成此研究项目,得以顺利结题,并获得江苏省图书馆学会的通报表彰。本成果内容包括一个研究报告、九篇学术论文(含附录中的两篇),大大超过了原定一个研究报告、五篇学术论文的课题组计划,它们依次是:《面向"十三五"的省级公共图书馆服务功能定位研究——以南京图书馆为研究对象》《现代公共图书馆理念对省级馆"十三五"规划的意义》《基于"十三五"规划的南京图书馆使命研究——兼论省级公共图书馆的使命》《南京图书馆的馆员距"国内一流、国际先进"的目标有多远》《知识服务:省级公共图书馆信息资源建设新走向》《浅议省级公共图书馆数字化发展——以南京图书馆为例》《省级公共图书馆服务体系的构建与服务工作的创新》《"无所不容、无处不在、无所不能"是未来图书馆的发展方向》。主要创新之处在于:研究方法上,从研究"五大发展理念"和现代公共图书馆理念对省级馆"十三五"规划的意义入手,最终得出有关面向"十三五"的省级公共图书馆服务功能定位和发展趋势的研究结论;较先界定省级公共图书馆的使命,提出各省馆"十三五"开端之际研定其使命及使命陈述的任务及其意义;对国内外省级公共图书馆的人才队伍建设情况进行横向和纵向的比较研究,并根据国情和省情提出培养造就高层次、职业化领军人才措施;提出在全省建立公共图书馆数字资源异地保存联盟的倡议;论证以"两网三库多平台"为内容的江苏数字图书馆体系建设方案;从文化综合体的角度论述省级公共图书馆服务方式的转变,等等。一些子课题论文已先后荣获中国图书馆学会论文一、二等奖,或在 *Chinese Librarianship:an International Electronic Journal*、《中国图书馆学会年会论文集》《图书馆杂志》《高校图书情报论坛》上发表。

尽管成绩喜人,我们仍然感到:由于课题组成员多为一线服务人员,利用业余时间的研究常感时间和精力不足,在理论研究深度、研究方法应用以及实地调研上均有不足。随着对十八届五中全会审议通过的《中共中央关于制定国民经济和社会发展第十三个五年规划的建议》学习活动的深入开展,特别是对《建议》提出的指导"十三五"规划编制和"十三五"发展的思想灵魂——创新、协调、绿色、开放、共享"五大发展理念"的不断领会,以及各系统、各单位研定"十三五"发展规划工作的积极推进,我们认为极有必要在"五大发展"理念的指引下,进一步对课题已有成果进行整理加工和提升,并以书的形式加以固化,同时对南京图书馆"十三五"业务发展规划积极建言献策。在此期间,我们在国家图书馆参考咨询部王磊主任的热情指引下,幸得国家图书馆出版社资深编辑金丽萍老师耐心细致的全面指导,按照书的形式对课题成果进行重新编写和扩充,特别是对第二章节内容进行增改,形成共有九章的书稿,此外,在附录部分还专门收录课题组成员已在国内外发表或尚未发表的、与课题相关的其他论文或译文,以期和图书馆界同人交流和分享。

本书由王兵(第一、二章,第三、第五章部分内容)、朱志伟(第八章)、李浩(第四、五、九章)、丁勇(第七章)、戴广珠(第

三、六章)、郑蓓怡和穆晖(附录,第一章部分内容)共同编著完成,附录3的内容由南京图书馆馆长办公室提供,王兵负责对全书进行统稿和审校,穆晖和郑蓓怡协助编稿和校对。

恳切希望大家能够从本书中有所启发和收益,同时对书中的不足及疏漏之处给予批评指正。

王　兵

2016 年 6 月 2 日于南京

第一章 省级公共图书馆服务功能定位研究的价值和意义

第一节 国内外研究现状

省级公共图书馆,是政府主办的公益性文化服务机构,是公共文化服务体系建设的重要骨干,是独立运用现代化传播方式,广泛覆盖全社会城乡基层,为广大人民群众传播科学文化知识信息的中枢平台。"十三五"时期,全面建成小康社会,实现中华民族伟大复兴,必须推动社会主义文化大发展大繁荣,兴起社会主义文化建设新高潮,提高国家文化软实力,发挥文化引领风尚、教育人民、服务社会、推动发展的作用。省级公共图书馆作为社会主义文化事业的重要组成部分,在全面建设小康社会的进程中具有重要的地位和作用。在国家大力推进文化大发展大繁荣的新形势下,作为省级公共图书馆,怎样解放思想、服务创新,找准自身定位,完善自身建设,才能更好地在公共文化服务体系中发挥更大作用呢? 2011~2015年是开拓性的五年,更是中国图书馆发展史上里程碑的五年,然而细数这期间国内关于省级公共图书馆服务定位和建设策略的研究却仍然有待填补。定位是基础,唯有定位明确才能策划好未来发展的道路。

一、国外关于对省级公共图书馆的功能定位研究

以国外数据库 Proquest 学术论文数据库为工具,以"state library""provincial library"作为标题关键词进行检索,共 24 个结果,排除无关文献,得到相关文献 5 篇。这些文献主要围绕州立图书馆历史、咨询馆员、公共图书馆系统、评估标准等方面展开。在 EBSCO 数据库分别以"state library""provincial library"作为标题关键词,共有 4943 个结果。限制时间为 2010 ~ 2014,检索得到 772 个结果。对文献进行筛选,得到相关文献 22 篇。其中全文文献 14 篇、文摘信息类文献 8 篇。在 EBSCO 数据库中检索所得的相关文献,以美国州立图书馆的新闻、动态信息为主,研究型文献较少。这些文献的内容主要围绕图书馆历史、新闻报道等方面。

二、国内关于对省级公共图书馆的功能定位研究

检索分析中国知网(CNKI),2010 ~ 2013 年还没有关于"省级公共图书馆服务定位和建设策略"的论文发表,有 121 篇关于公共图书馆服务定位或服务体系建设的论文,但多着重于资源建设、服务方式/方法等单个方面,无综合性研究成果。通过检索"科研基金检索"栏,在"申报中项目"和"已立项项目"中均未发现同类课题。检索分析万方数据库和维普中文科技期刊数据库 2009 年以来相关文献,并对其中 40 多篇相近论文的调研发现:先前国内同行的成果大多按照图书

馆的基本属性要求研究图书馆工作;由于各种原因,许多馆都没有很好解决服务定位和发展策略问题。

通过中国知网检索相关文献,以"省级公共图书馆服务定位和建设策略研究"为关键词全文检索,按照主题排序的方式,检索到2009～2015年的文章数量不少,但是较与主题相关的是:2014年7月8日,张艳波发表在《黑龙江史志》的《公共图书馆服务定位和建设策略的实践研究》。该文指出目前我国加大了对公共图书馆的建设,以便为社会公共文化的传播与发展提供便利。但是需要注意的是,目前我国公共图书馆在服务定位上还存在一定的偏差,还需要进一步的完善其服务定位,并在此基础上做好建设实践,以全面提升我国公共图书馆的服务水平,促进社会公共文化事业的发展。该文就通过探讨公共图书馆的服务定位,来分析其建设实践中应该采取的有效策略,以供参考。还有2014年10月15日,王雪超、李伟、韩红发表在《四川图书馆学报》的《"十二五"时期我国省级公共图书馆服务体系的构建策略研究》。文中表明省级公共图书馆是构建本省图书馆公共文化服务体系的中流砥柱,更是全省文献资源共建共享的重要组成部分,所以在公共文化服务体系中地位举足轻重,省级公共图书馆应正视定位误区、服务单一等不足,并予以改善,率先借鉴全球各国城市图书馆的普遍经验,逐步打破行业界限、发展现状。还有2014年4月15日,王雪超发表在《河南图书馆学刊》的文章《我国省级公共图书馆服务体系构建探析》。该文认为省级公共图书馆服务体系的含义应以省级公共图书馆的外在表现为重点,兼顾其根本优势和目的,强调了"省级"两字的特殊性。即:它由省、直辖市、自治区、特别行政区政府为主要力量支持和提供,是收集和传递文献信息资源、传播先进文化,为政府提供决策参考、为市民提供服务、保障大众基本文化需求、向公民提供公共文化产品与服务的制度和系统的总称;它是每个省份规模最大、功能最全、服务效能最高的大型公共图书馆服务体系,包括省级图书馆文化服务设施、资源和服务内容,以及人才、资金、技术和政策保障机制等方面内容,是社会公共文化服务体系的重要组成部分。从省级公共图书馆定位和面临挑战方面,最终提出对我国省级公共图书馆服务体系构建策略的建议。还有 2013 年 1 月 12 日,卢淑琴发表在《兰台世界》的《省级公共图书馆在公共文化服务体系中的作用与发展》。该文从省级公共图书馆在公共文化服务体系中的功能定位与发展两方面进行论述,指出省级公共图书馆在公共文化体系中的功能定位与其作用,主要是省级公共图书馆的公益性定位、省级公共图书馆的社会教育和倡导社会阅读功能定位以及省级公共图书馆的信息服务功能定位。以该关键词搜索时笔者发现文章多在公共文化体系建设大背景中探讨"省级公共图书馆定位与策略研究"问题。

以"省级公共图书馆"和"定位"为关键词(检索条件、范围同上),在中国知网检索,检索到 2009～2015 年与关键词较为相关的文章是:2011 年 11 月 15 日,刘萍发表在《图书馆工作和研究》的《对文化体系建设中省级公共图书馆定位的认知》。该文指出省级公共图书馆,是政府主办的公益性文化服务机构,是公共文化服务体系建设的重要骨干,是运用现代化传播方式,广泛覆盖社会城乡基层,为广大人民群众传播科学文化知识信息的中枢平台。省级公共图书馆作为某一地区公共图书馆的中心机构,首先应成为省域范围内的信息资源中心和信息服务中心,主要承担参考咨询、情报等较高层次的信息服务。省级公共图书馆功能实现的顺序为信息咨询研究中心、教育支持中心、文化遗产中心、阅读中心、社区信息中心和社区中心。总的来说,目前缺乏关于省级公共图书馆既符合现实又面向未来的准确定位研究。因此,研究与探讨省级公共图书馆在公共文化服务体系的环境中的功能定位具有十分重要的意义。作者根据我国公共文化服务体系建设目标,做出如下定位建议:公民终身教育功能、信息服务功能、促进社会和谐功能、文化中心功能、社会阅读服务功能、地区中心图书馆功能。2008 年 12 月 15 日,柯平和尹静发表在《国家图书馆学刊》的《省级公共图书馆在公共文化服务体系中的功能定位》,论述了省级公共图书馆的服务特征。作者形象地以图表形式(见图 1-1)罗列了对省级馆功能定位的阐述,同时提出不同地区省级公共图书馆功能定位差异。不同地区的省级公共图书馆,在馆舍环境、设备水平、人员素质等方面存在着差异,所提供资源与服务水平不同,功能的实现程度亦不同,应给予发达地区和欠发达地区省级馆不同的定位。

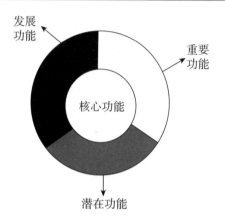

图 1 - 1　省级公共图书馆的功能定位

　　以"省级公共图书馆"为关键词(检索条件、范围同上),文章数量很大,但是大多涉及省级公共图书馆部门管理、服务理念和模式、网络影响力、数据库建设、参考咨询协作平台构建等单方面的内容,较少涉及省级公共图书馆定位具体方面的内容。以下两篇与主题较为契合:2011 年 1 月 5 日,彭飞发表在《图书馆情报工作》的《我国省级公共图书馆服务理念探讨》。该文对我国省级公共图书馆 60 年的服务理念进行梳理、分析与探讨,以期对未来图书馆事业发展有所启示。作者认为,省级公共图书馆是全省文献信息资源中心、协作协调中心,是综合型学术研究图书馆,因此完全套用当前流行的公共图书馆的职责任务要求省级图书馆似乎有些勉强。省馆应腾出机会给市县(区)馆以施展服务型图书馆的空间,要在各级政府的支持下,省馆必须加大与省内市县区级图书馆合作的力度,及早建立全覆盖的公共文化服务体系,从而降低来自大量普通读者的压力。此外,作为省级公共图书馆,应该结合地方的特点,发挥自己的优势,充分利用现代技术手段,把为科研服务作为重点(如文献资源开发),同时为经济建设服务、为政府决策提供参考信息等。这样省馆和市县级图书馆才能相得益彰,各尽所能。只要我们以科学发展观为指导,系统全面地考虑问题,省级公共图书馆必然能在整体没有减弱为广大读者服务工作的同时,重新担负起为科研服务的重任。

还有 2009 年 4 月 15 日,李浩发表在《四川图书馆学报》的《国家图书馆、上海图书馆、南京图书馆比较研究——以南京图书馆为例兼谈省级公共图书馆的服务创新》。该文以国家图书馆(简称国图)、上海图书馆(简称上图)、南京图书馆(简称南图)为国内馆藏最多、影响最大的三大公共图书馆(简称三大馆)为例进行比较研究,提出省级公共图书馆服务的新思路。同样,作者也采用图表罗列方式予以表达(见表 1 - 1)。以上三馆因为所处地区经济发展较快、较好,所以并不能代表全国的省级馆服务定位情况,但具研究价值。省级公共图书馆作为介于国家图书馆和市县级图书馆中间的一种类型,地处省会,承上启下,辐射全省,只有进一步解放思想,准确定位,明确责任,创新服务,才能在全省图书馆行业中更好地发挥龙头带动作用。

表1-1 国图、上图、南图的比较

馆名	战略目标	功能定位	服务模式
国图	"人才兴馆,科技强馆,服务立馆"三大发展战略,以改善服务为最终目标,把数字化作为业务发展的主要方向,逐步向现代化、国际化图书馆迈进	以传统的文献服务为基础,以现代信息服务为主导,以文化教育服务为新的增长点,构造知识型服务体系	全面开放数字图书馆,在文献提供上,由以前的物质提供为主,将逐步转变为以虚拟提供为主
上图	在1996年新馆建成时,就把发展的目标定位于适应当代信息资源网络化传递,全球化服务的需求	以上海图书馆实体(包括中心图书馆网络的资源与服务)为基础,联合本地区各类专业图书情报机构的知识资源的社会公共服务网络	综合性公众信息服务与研究型情报研究和决策咨询服务相结合的、实体图书馆服务与网络虚拟图书馆服务相衔接的整体化服务特色
南图	争创国内先进,国际有影响的现代化图书馆		打破传统图书馆相对分隔的管理,实行"藏、借、阅、管一体化"开放式服务模式

总的来说,目前缺乏关于省级公共图书馆既符合现实又面向未来的准确定位研究,将省级公共图书馆放在公共文化服务体系的环境中确定其功能定位具有十分重要的意义。

第二节　研究的价值和意义

党的十八届三中全会提出"构建现代公共文化服务体系"的具体任务,江苏要在全国实现两个率先,理应在这方面有先行的理论研究和实践。南京图书馆"十一五"期间就提出努力打造"国际先进、国内一流"现代化图书馆的奋斗目标,曾受到来馆的文化部督导组专家的充分肯定。

围绕此目标,本书主要从办馆理念、读者服务、人才队伍、硬件设施、文献资源建设等方面,针对"十二五"期末至"十三五"开始之初应选择的路径和采取的保障措施开展较为深入的理论研究。研究现代公共图书馆理念为省级馆"十三五"规划开辟新的研究领域,丰富现代公共图书馆理念的研究内容,其服务功能定位和发展趋势的研究成果,对南京图书馆以及其他省级公共图书馆"十三五"规划的研究制定,具有积极的理论先导作用和较强的应用、参考价值。

第三节　研究的主要内容

本书的主要内容包括五个方面:第一,现代公共图书馆理念。因为它显示着图书馆从业者必须秉持的、坚定不移的价值取向,也是公共图书馆事业得以向前发展的引擎,对确立省级公共图书馆服务定位和建设策略具有引领作用。第二,读者服务工作的发展与定位。在总结回顾"十二五"开局以来省级公共图书馆所取得的成绩和不足之处的基础上,根据国内外图书馆界的发展趋势,研订国内省级公共图书馆未来几年内读者服务工作发展与变革的举措,对其服务定位做出思考。第三,人才队伍建设。将与国内一流省级公共图书馆的人才队伍建设情况做比较,学习、参照国际先进图书馆的经验,探讨省级公共图书馆加强人才队伍建设的新举措。第四,硬件设施。结合《南京图书馆数字图书馆三年建设规划》的调研、讨论,参考专家论证意见,研订出南京图书馆未来几年硬件设施建设的赶超目标以及逐年实施的步骤方案。第五,文献资源建设。结合文献信息多媒体、多介质、数字化、网络化的发展趋势和日新月异的变化,研究省级公共图书馆加强文献信息资源建设的有效策略。

同时,本书的基本观点包括以下几点:第一,强化公共图书馆理念方面。①现代公共图书馆的理念源于若干不同的思想基础,如19世纪中叶至20世纪初的英国的功利主义思想和理想主义思想,就为早期公共图书馆输入了平等和包容的理念,而19世纪末美国图书馆学家杜威提出的"要让每个灵魂拥有免费的学校教育和免费的图书馆服务"的观点,20世纪30年代印度图书馆学家阮冈纳赞提出的"每位读者有其书"的法则,至今还深深地影响着各国公共图书馆的服务。公共图书馆一以贯之的理念——平等服务、社会包容等,在建设现代公共图书馆服务体系的今天不可偏废。②现代公共图书馆的理念既有在认识论层面的,如平等服务理念、知识自由理念、社会包容理念、信息公平理念、民主政治理念、泛在图书馆理念等;也有在方法论层面的,如人本管理理念、法治管理理念、危机管理理念、知识管理理念等。随着现代公共文化服务体系和现代公共图书馆服务体系的建设步伐,极有必要对公共图书馆服务和管理理念进行更新和完善,使之对我国公共图书馆事业的改革与发展更好地发挥出引导作用。第二,创新读者服务方面。将省级公共图书馆定位为一个文化综合体,以馆藏文献为支撑,依托现代技术手段,融合更多文化内容,为读者提供服务。第三,人才队伍建设方面。通过对国内前五名的省级公共图书馆进行比较,可以摸清课题组所在馆在从业人员整体水平、学术研究能力在全国省级公共图书馆中的列前情况;通过对美国《威斯康星公共图书馆标准》进行研究,并根据本国和本省实际,可以实施改革管理机制、激活工作热情等六条措施。第四,硬件设施发展方面。以"三网"(电信网、广播电视网、互联网)为通道,以手机(微信)、数字电视等新媒体为终端,向读者提供多层次、多样性、专业化的数字图书馆服务,从而整体提升南京图书馆的信息保障水平和信息服务能力,形成省级公共图书馆新的服务业态。第五,文献资源建设方面。传统图书馆和数字图书馆共存互补、有机结合的复合图书馆,将成为南京图书馆近几年存在的主要形式和发展模式。

第四节　研究思路和研究方法

本书的研究思路是以国家"十三五"时期文化改革发展规划纲要以及中共中央关于"构建现代公共文化服务体系"的系列方针、政策为指针,根据国内外公共图书馆事业的发展趋势,从学习研究与图书馆学的发展相依相伴的公共图书馆理念入手,用新的观念引导其他子课题的研究,做到理论先行;同时,在对省级公共图书馆读者服务、人才队伍、硬件设施、文献资源建设等研究中,对其服务和管理理念进行更新和完善,用更新的观念和研究的成果、建设策略助推公共图书馆事业持续健康地发展。

在本书中分别或综合采用文献研究法、比较研究法(类比分析法)、访问研究法(访谈法)、调查研究法、定性分析法、定量分析法等科研方法。

第五节　研究的创新之处

本书的创新之处主要包括以下几个方面:

(1)界定省级公共图书馆的使命。公共图书馆使命一般指公共图书馆承担的责任、任务,国外许多先进的图书馆都发布过以理念为核心的使命宣言。从公共图书馆使命出现在的两种不同语境和它的三个作用来看,省级公共图书馆的使命就是各省馆对其所服务的省份的责任。在建设现代公共文化服务体系的形势任务面前,省级公共图书馆极有必要积极研定各馆"十二五"期末至"十三五"开端之际的使命及使命陈述,以便确定规划期内的战略目标、具体目标和行动方案,使之得以持续健康地发展。

(2)将省级公共图书馆定位为一个文化综合体,以馆藏文献为支撑,依托现代技术手段,融合更多文化内容,实现单体图书馆服务向集群化服务的转变、实体图书馆服务向实体与虚体相结合服务的转变、读者被动接受管理向主动参与管理和服务的转变。

(3)对国内外省级公共图书馆的人才队伍建设情况进行横向和纵向的比较研究,并根据国情和省情提出培养造就高层次、职业化领军人才等措施。

(4)推动以"两网三库多平台"为内容的江苏数字图书馆体系建设。

(5)省级公共图书馆有必要在全省建立公共图书馆数字资源异地保存联盟,以防地震、洪水、火灾、冰雪等突发灾害带来的数据损毁和消失,使全省数字资源能够长期、方便和稳定地被广大用户所利用。

第六节　本章结语

本书在对国内外省级公共图书馆功能定位研究的分析基

础上,从研究现代公共图书馆理念对省级公共图书馆"十三五"规划的意义入手,研究面向"十三五"的省级公共图书馆服务功能定位和发展趋势;率先界定省级公共图书馆的使命,提出各省馆"十三五"开端之际研定其使命及使命陈述的任务及其意义;对国内外省级公共图书馆的人才队伍建设情况进行横向和纵向的比较研究;提出在全省建立公共图书馆数字资源异地保存联盟的倡议;论证以"两网三库多平台"为内容的江苏数字图书馆体系建设方案;从文化综合体的角度论述省级公共图书馆服务方式的转变。省级公共图书馆服务功能定位和发展趋势的研究成果不仅丰富了现代公共图书馆理念的研究内容,而且对南京图书馆以及各省级公共图书馆"十三五"规划的研订具有积极的理论先导作用。

第二章　先进理念对省级公共图书馆"十三五"规划的指导意义

第一节　国家"十三五"规划对省级公共图书馆"十三五"规划的指导意义

一、《中共中央关于制定国民经济和社会发展第十三个五年规划的建议》的指导意义

1. 新目标与新任务

《中共中央关于制定国民经济和社会发展第十三个五年规划的建议》(以下简称《建议》),提出"十三五"时期经济社会发展的主要目标是全面建成小康社会,而文化建设正是全面建成小康社会总目标的重要组成部分,具体表述为:"国民素质和社会文明程度显著提高。中国梦和社会主义核心价值观更加深入人心,爱国主义、集体主义、社会主义思想广泛弘扬,向上向善、诚信互助的社会风尚更加浓厚,人民思想道德素质、科学文化素质、健康素质明显提高,全社会法治意识不断增强。公共文化服务体系基本建成,文化产业成为国民经济支柱性产业。中华文化影响持续扩大。"[1] "我们必须充分认识、深刻把握文化建设在全面建成小康社会中的重要意义,深刻认识文化建设是发展中国特色社会主义的内在要求,文

化繁荣发展是衡量民生改善程度及社会幸福指数的重要指标,文化建设为经济社会发展提供良好氛围和深厚土壤。"[2]

2.新理念与新思想

《建议》指出:"实现'十三五'时期发展目标,破解发展难题,厚植发展优势,必须牢固树立创新、协调、绿色、开放、共享的发展理念。""坚持创新发展、协调发展、绿色发展、开放发展、共享发展,是关系我国发展全局的一场深刻变革。全党同志要充分认识这场变革的重大现实意义和深远历史意义,统一思想,协调行动,深化改革,开拓前进,推动我国发展迈上新台阶。"[3]文化部党组指出:"十三五"时期,文化建设要在错综复杂的国内国际大环境中谋求新的发展,必须坚持问题导向,正视问题、补齐短板、创新思路、转变方式,深入贯彻《建议》提出的创新、协调、绿色、开放、共享的发展理念,将其内化为文化建设的新思路,引领文化的新发展[4]。

3.新基调与新使命

所谓"新基调"。具体来说,就是3句话、12个字。

——协同发展。"协同"一词源自《汉书》,就是协调、共同的意思,协同发展就是互惠互利的共同发展。对江苏省来说,要按照"注重统筹,注重协同,注重融合"的要求,加大力度,推动苏南、苏北文化协同发展向纵深迈进。

——转型升级。一方面,要在思想上转型,深入开展学习贯彻习近平总书记视察江苏时提出"建设经济强、百姓富、环境美、社会文明程度高的新江苏"的讲话精神。另一方面,要着力推动文化体制机制转型、文化生产与供给模式转型、文化管理与服务方式转型。

——又好又快。要在保持发展速度的同时,注重追求速度与效益相统一、数量与质量相统一、形式与内容相统一、动机与效果相统一。

所谓"新使命"。就是党的十八大强调的文化要发挥四个方面的重要作用:引领风尚、教育人民、服务社会、推动发展[5]。

二、文化部党组对文化建设"十三五"规划的考量

文化部党组认为:《建议》是全面建成小康社会决胜阶段极为重要的纲领性文件,集中体现了以习近平同志为总书记的党中央治国理政的新理念新思路新境界。深入学习贯彻全会精神,以新的发展理念开创文化建设的新局面,是文化系统当前和今后一个时期的重要政治任务。

一是要正确认识当前文化建设的发展环境和突出问题,明确"十三五"时期文化发展的方向。文化建设是全面建成小康社会总目标的重要组成部分。五中全会要求统筹推进经济建设、政治建设、文化建设、社会建设、生态文明建设和党的建设,并对文化建设目标提出更高的要求。我们必须充分认识、深刻把握文化建设在全面建成小康社会中的重要意义,深刻认识文化建设是发展中国特色社会主义的内在要求,文化繁荣发展是衡量民生改善程度及社会幸福指数的重要指标,文化建设为经济社会发展提供良好氛围和深厚土壤。要以新的发展理念引领文化建设。具体做到以下几点:

——在创新发展中激发文化创新活力。

——在协调发展中推动文化协调均衡发展。

——在绿色发展中充分发挥文化的重要作用。

——在开放发展中提高文化竞争力和影响力。

——在共享发展中实现文化共享。

二是要科学谋划"十三五"时期文化建设的主要着力点。《建议》对"十三五"时期的文化建设提出了新的明确要求,文化系统将认真贯彻全会精神,坚持目标导向和问题导向相统一、立足国内和全球视野相统筹、全面规划和突出重点相协调、战略性和操作性相结合,把创新、协调、绿色、开放、共享的发展理念融入文化工作方方面面,编制好"十三五"时期文化发展规划,描绘好未来五年的发展蓝图。具体有以下八个着力点:

——着力于提高国民素质和文明程度,促进人的全面发展。

——着力于艺术精品创作生产,繁荣发展社会主义文艺。

——着力于公共文化服务标准化均等化,基本建成公共文化服务体系。

——着力于文化遗产保护利用,构建中华优秀传统文化传承体系。

——着力于深入推进重点领域改革,创新文化管理体制和运行机制。

——着力于文化产业优化升级,推进文化产业成长为国民经济支柱性产业。

——着力于优化市场环境,健全文化市场体系。

——着力于开创文化开放新格局,推动中华文化影响力持续扩大[6]。

三、《中共江苏省委关于制定江苏省国民经济和社会发展第十三个五年规划的建议》的内涵要求

中共江苏省第十二届委员会第十一次全体会议指出:"十三五"时期,是我省全面贯彻党的十八大和十八届二中、十八届三中、十八届四中、十八届五中全会精神,深入贯彻落实习近平总书记系列重要讲话特别是视察江苏重要讲话精神、推动"迈上新台阶、建设新江苏"取得重大进展的关键时期,是率先全面建成小康社会决胜阶段和积极探索开启基本实现现代化建设新征程的重要阶段,"十三五"规划必须紧紧围绕这一奋斗目标来制定。会议认为:习近平总书记系列重要讲话精神,是江苏工作的根本遵循和行动指南,特别是视察江苏重要讲话精神,明确了江苏发展的总要求总命题总纲领,必须贯穿于"十三五"和未来更长时期发展的全过程,锲而不舍抓落实,奋力攀登新台阶,一步一个脚印把总书记为我们勾画的美好蓝图变为现实。

"十三五"时期江苏发展的指导思想是:高举中国特色社会主义伟大旗帜,全面贯彻党的十八大和十八届三中、十八届四中、十八届五中全会精神,以马克思列宁主义、毛泽东思想、邓小平理论、"三个代表"重要思想、科学发展观为指导,深入贯彻习近平总书记系列重要讲话精神,以总书记视察江苏重要讲话精神为引领,紧紧围绕全面建成小康社会、全面深化改革、全面依法治国、全面从严治党的战略布局,牢记"两个率

先"光荣使命,坚持发展是第一要务,以提高发展质量和效益为中心,加快形成引领经济发展新常态的体制机制和发展方式,保持战略定力,坚持稳中求进,以"五个迈上新台阶"为重点任务,以"八项工程"为主抓手,统筹推进经济建设、政治建设、文化建设、社会建设、生态文明建设和党的建设,着力建设经济强、百姓富、环境美、社会文明程度高的新江苏,率先全面建成小康社会,积极探索开启基本实现现代化建设新征程,谱写好中华民族伟大复兴中国梦的江苏篇章。

"十三五"时期江苏省经济社会发展目标要求是:按照习近平总书记对江苏发展的明确定位,根据中央确定的我国未来五年发展目标特别是全面建成小康社会新的要求,今后五年,江苏要率先全面建成小康社会,苏南有条件的地方在探索基本实现现代化的路子上迈出坚实步伐,人民群众过上更加美好的生活,经济强、百姓富、环境美、社会文明程度高的新江苏展露出令人鼓舞的现实模样。

具体在加快文化强省建设方面的要求是:坚持"两手抓、两手都要硬",坚持社会主义先进文化前进方向,坚持以人民为中心的工作导向,加强理论创新、文化创新,推动文化建设迈上新台阶,坚定文化自信,增强文化自觉,加快建设文化凝聚力和引领力强、文化事业和产业强、文化人才队伍强的文化强省,努力构筑思想文化建设高地、道德风尚建设高地。

加强先进思想文化引领。坚持用邓小平理论、"三个代表"重要思想、科学发展观和习近平总书记系列重要讲话精神武装头脑、教育人民,深化中国特色社会主义和中国梦宣传教育,推动党的理论创新成果深入人心,坚定道路自信、理论自信、制度自信,增强国家意识、法治意识、社会责任意识。积极推进社会主义核心价值观建设,深入开展爱国主义、集体主义、社会主义教育,大力弘扬民族精神、时代精神和"三创三先"新时期江苏精神,坚持和发扬党的光荣传统和优良作风,提升全社会精神追求。加强爱国主义教育理论研究,特别是近现代史、党史国史和地方史志研究,加大红色资源宣传推介力度,推进爱国主义教育仪式化、制度化建设。加强公民人文素质教育,普及科学知识,弘扬科学精神。加强优秀传统文化宣传普及,实施江苏文脉整理和研究工程,健全文化遗产保护传承体系。加强和改进基层宣传思想文化工作,推进志愿服务制度化,深化群众性精神文明创建和未成年人"八礼四仪"养成教育,注重通过法律和政策向社会传导正确价值取向,促进全社会形成"爱、敬、诚、善"的良好道德风尚。

促进文化事业文化产业健康繁荣发展。扶持优秀文化产品创作生产,实施文艺精品创作工程,加强特色文艺品牌建设,引导网络文艺创作健康发展,加强文化人才培养,繁荣发展文学艺术、新闻出版、广播影视、档案事业。加快推进社科强省建设,实施哲学社会科学创新工程,推出一批在国内外有较大影响力的重要学术成果,打造一批高端智库和特色智库。坚持面向基层、服务群众,增加公共文化投入,完善公共文化设施网络,推进基层综合性文化服务中心建设,推动政府向社会力量购买公共文化服务,注重运用互联网和现代科技提升、扩大和延伸公共文化服务,加大对农村文化建设帮扶力度,推进更多优质文化资源为基层服务、向社会开放,提升公共文化服务的标准化、均等化水平。依法促进全民阅读,加快建设"书香江苏"。加快文化产业结构调整,强化文化创意的引领功能,促进文化与科技、金融、信息、旅游等融合,鼓励新型文化业态发展,扩大和引导文化消费,培育骨干文化企业和文化品牌,推动文化企业跨地区跨行业跨所有制兼并重组,提高文化产业规模化、特色化、集约化、专业化发展水平,进一步强化其支柱产业地位。

深入推进文化体制改革和文化开放。完善文化管理体制和文化生产经营机制,构建现代公共文化服务体系、文化产业体系、文化市场体系,形成有利于顺应多层次需求、促进创新创造的文化发展环境。深化国有文化单位改革,健全新型国有文化资产管理体制,推动国有文化企业把社会效益放在首位、实现社会效益和经济效益相统一。加快文化"走出去"步伐,实施国际传播能力建设工程,提升对外文化交流层次和水平,加快发展对外文化贸易,推动文化企业国际化发展,增强江苏文化国际影响力。

牢牢把握正确舆论导向。健全社会舆情引导机制,弘扬主旋律,传播正能量。坚持正面引导与依法管理相结合,加强网上思想文化阵地建设,实施网上舆论生态治理工程,发展积极向上的网络文化,净化网络环境。深入开展"扫黄打非"。推动传统媒体与新兴媒体融合发展,打造一批新型主流媒体,提升新媒体格局下的价值引导力[7]。

四、江苏省文化厅"十三五"文化发展规划中的具体任务

江苏省文化厅根据"全面贯彻党的十八大和十八届三中、十八届四中、十八届五中全会精神,以及习近平总书记系列重要讲话精神特别是视察江苏重要讲话精神,遵循创新、协调、绿色、开放、共享的发展理念,紧紧围绕'迈上新台阶、建设新江苏'的发展定位,坚持社会主义先进文化前进方向,坚持以人民为中心的工作导向,大力培育和践行社会主义核心价值观,以'三强两高'为目标和'走在全国前列'为要求,以深入实施文化建设工程为主抓手,以完善公共文化服务、打造精品力作和培育文化人才为着力点,坚持运用法治思维和法治方式,不断提高文化治理能力和水平,推动江苏文化建设迈上新台阶"的指导思想,在"十三五"规划中提出了"到 2020 年,全省文化改革发展的总体目标是:艺术创作全面繁荣,创作出一批精品力作。现代公共文化服务体系、现代文化产业体系、现代文化市场体系、文化遗产保护传承体系基本建成,文化产业在国民经济中的支柱地位进一步强化。'精彩江苏'品牌效应日益突显,江苏文化国际影响力显著增强"的主要目标,并将"加快现代公共文化服务体系建设"列为其第一项重点任务,具体又分为"提高基本公共文化服务标准化、均等化""加大公共文化资源整合力度""推动公共文化数字化建设""创新公共文化运行机制"四个方面[8],从而很好地指导了全省公共图书馆的"十三五"规划工作。

第二节 现代图书馆理念对省级公共图书馆
"十三五"规划的指导意义

一、国内外对图书馆理念的研究现状

图书馆理念始终是国际图书馆学界研究的课题,随着全球信息化、现代化进程的加快,现代公共图书馆理念得以确立,并在实践中不断得到创新性发展和提升。笔者通过南京图书馆馆藏 eLibrary 数据库,用"Library Philosophy"作为题名检索得知:该库收集 1957 年 1 月 1 日至 2015 年 6 月 3 日国外同行在各类媒体发表此类文章数为 250 篇,其中发表在期刊上此类文章数为 153 篇。改用"Library concept""Library idea"等词检索后,其结果也基本相同。而用"Public Library Philosophy"加以限定,结果还是 250 篇,但其中期刊文章数跳至 172 篇。笔者再通过馆藏 ProQuest 学位论文全文检索平台,仍用"Library Philosophy"作为题名检索,共查得博、硕士论文 70 篇,其中 1990 年以前 11 篇,1990—1994 年 9 篇,1995—1999 年 13 篇,2000—2004 年 12 篇,2005—2009 年 15 篇,2010—2014 年 10 篇。再从不同等级的学位论文加以区别,其中博士论文 63 篇、硕士论文仅为 7 篇。如用"Public Library Philosophy"加以限定,则仅有 13 篇,其中博士论文 11 篇、硕士论文 2 篇。如再用"Modern Public Library Philosophy"检索,结果就似是而非了。

笔者再通过中国知网（CNKI）篇名检索发现：自 1983 年至今,发表在国内学术期刊上有关公共图书馆理念的文章共有 194 篇,其中:2000 年以前（含 2000 年）21 篇;进入 21 世纪的前 10 年（含 2010 年）,此类文章一下子跃至 70 篇,从 2011 年至今发表的此类文章已有 103 篇。而在博硕士论文库中按照"现代公共图书馆理念"从题名查到的硕士论文共有 2 篇,其中由蒋永福教授指导的黑龙江大学 2011 届图书馆学硕士吴桐的学位论文《现代公共图书馆基本理念体系研究》,第一次从认识论和方法论层面对现代公共图书馆理念进行较全面的归纳和梳理,颇有影响。另在检索和学习中了解到:国内研究图书馆理念著述较丰的有柯平、范并思、吴稀年、肖希明、袁红军、郑建明、李国新、蒋永福、韩继章、程亚男、王世伟、袁红军、刘兹恒等众多知名专家学者,而吴建中博士与英国帕特里西娅·沃德教授 1996 年发表在《图书馆杂志》上的《寻求图书馆管理的新理念——关于图书馆未来的对话之十三》一文,可说是国内较早研究现代公共图书馆理念的一篇佳作。实践证明:文中提及从"藏"到"用"观念上的转换;公共图书馆员既要重视人的价值、人的服务,还要有针对性地为个别读者提供个别服务等观念和理念,已被国内公共图书馆界采纳,并得到了新的提升。

二、现代公共图书馆理念概述

1. 现代公共图书馆理念要义

"理念"一词,根据在线汉语辞海查询,有两层意思:一是信念,如人生~。二是思想、观念,如经营~｜文化~[9]。因而不能只将其简单地等同于观念。正确的理念喻示了人们行为的正当性,能够引领和指导人们实践[10]。现代公共图书馆理念源于若干不同的思想基础。如19世纪中叶至20世纪初的英国的功利主义思想和理想主义思想,就为早期公共图书馆输入了平等和包容的理念,而19世纪末美国图书馆学家杜威提出的"要让每个灵魂拥有免费的学校教育和免费的图书馆服务"的观点,20世纪30年代印度图书馆学家阮冈纳赞提出的"每位读者有其书"的法则,至今还深深地影响着各国公共图书馆的服务。平等服务、社会包容等一直是公共图书馆所坚持的理念,在建设现代公共图书馆服务体系的今天仍然不可偏废。

现代公共图书馆的理念既有在方法论层面的,如:人本管理理念,知识管理等;也有认识论层面的,如:知识自由,平等服务等,它们是当今全世界公共图书馆员必须秉持的、坚定不移的价值取向,对确立我国公共图书馆的服务定位和建设策略具有引领作用[11]。随着现代公共文化服务体系建设步伐的加快,极有必要对现代公共图书馆理念进行强化和完善,使之对我国公共图书馆事业的改革与发展更好地发挥出引导作用。

2. 现代公共图书馆理念的影响

——国际组织文件的体现

1994年,国际图联和联合国教科文组织发表了《公共图书馆宣言》,指出:"无论其年龄、种族、性别、宗教信仰、国籍、语言和社会地位如何,公共图书馆所提供的服务对于任何人来说都是可以平等享有的。"而这一宣言又是在 1948 年联合国大会巴黎会议上通过的《世界人权宣言》的指导下制定和通过的。

进入 21 世纪以来,国际图联相继发表的一系列声明或宣言,也都在重申和强调着公平平等、知识自由等现代公共图书馆理念,并与时俱进地赋予了新的诠释。例如:2013 年,国际图联理事会在新加坡通过的《国际图联关于图书馆与发展的宣言》,就强调了:"不分种族、民族或人种,性别或性取向,年龄、残疾、宗教、经济情况或政治信仰,图书馆服务所有的人。图书馆帮助弱势群体和边缘人群……"[12]

——国家学(协)会文件的应用

早在 1948 年,美国图书馆协会(ALA)就推出《图书馆权利法案》,将信息自由定为图书馆职业的最高原则。2004 年,它在发表的题为"图书馆工作的核心价值"的声明中,就列举了公平取用、知识自由等理念[13]。

2008 年,中国图书馆学会发布《图书馆服务宣言》,第一次系统表达中国图书馆人对于国际现代图书馆理念的认同以及对社会的职业承诺,这在中国图书馆事业发展的历史进程中具有里程碑式的意义[14]。

——各级图书馆使命陈述中的彰显

世界上主要公共图书馆专业文献都推荐教育、信息服务、文化传播、促进社会和谐、培育信息素养、培养阅读兴趣、扫盲为当代公共图书馆的主要使命[15]。即便是私人图书馆也有明确的使命。如美国著名的私人图书馆——"亨利·爱德华·亨廷顿图书馆、美术馆和植物园"(简称"亨廷顿图书馆")就将其使命表述为,"建立在为游客提供著名的收藏和植物园遗产的基础上,今天的亨廷顿图书馆,通过增长和保护其馆藏,通过学者社团的发展和支持,并通过向公众展示和解释其非凡的资源,鼓励研究和促进艺术、人文和植物科学的教育",并在馆藏、组织和亨廷顿社团三个方面有着进一步的表述[16]。

3. 现代公共图书馆理念对省级馆十三五规划的指导意义
——图书馆权利是现代图书馆理念的基石

2015 年初始,《图书馆建设》编辑就推出纪念"走向权利时代"专题讨论十周年专栏。第一期的"现代图书馆理念的基石——'权利时代的图书馆'巅峰论坛",征集到范并思、程焕文、蒋永福、李国新、吴建中、汤更生等十位业界知名专家的专文。专家们在文中指出:图书馆权利是现代图书馆理念的基石,平等权利和自由权利则是图书馆权利的两项基本内容。但是,图书馆权利不是图书馆特有的权力,而是指图书馆维护读者利用图书馆获取所需知识和信息的自由权利的职业责任和职业立场。图书馆法是公众利用图书馆权利的保障法,也不是图书馆利益的保障法。公共图书馆向所有人敞开大门、为所有人提供平等服务的理念和思想已经从专家学者的论文变成了国家政策,并正在上升为法律规范。有关图书馆理念的宣传倡导并在全国实施,才是 21 世纪中国图书馆最值得自傲的时代成果,这是一场名副其实的国际化、现代化进军之旅[17]。无疑,平等权利和自由权利,是省级公共图书馆在设计其发展规划时必须首先贯彻的理念。

——现代公共图书馆理念将在"十三五"规划中继续得到体现和发展

其一,人本管理理念对省级公共图书馆人才队伍建设规划的指导意义。人本管理思想是现代企业管理思想和理念的革命,最早可以溯源于西方20世纪30年代,有效应用企业管理则是20世纪六七十年代的事情了。因为公共图书馆是承担着文献信息资源保存和提供、参考咨询服务、社会阅读推广等职责的公益性服务机构,成立的目的就是为公众服务,所以它的人本管理应该从图书馆员和读者两个方面去体现[18]。然而,一段时间以来,公共图书馆界只侧重于服务客体的读者,强调"读者第一"的服务理念,却忽视作为服务主体的图书馆员。但在知识服务的背景下,图书馆员在图书馆信息的存储、交流和利用等方面无疑是第一要素,我们完全有理由提出从"读者第一"到"图书馆员第一"。再者,图书馆员的创新精神和创新意识,在很大程度上决定着图书馆的发展潜力和发展水平,甚至决定着图书馆的命运[19]。总之,在实际管理工作中"读者第一"和"图书馆员第一"是目的与手段的统一关系,两者都应给予高度的重视。

实现"图书馆员第一",图书馆必须要有一批专业基础扎实、理论功底深厚的学术性馆员做支撑;必须创设易于馆员积极向上、励精图治的完善的管理激励机制和环境;必须加强有馆员参与的民主管理和民主决策。作为全国第三大馆的南京图书馆,现已经过百年的积淀和发展,根据党的十八届三中全会提出"构建现代公共文化服务体系"的具体任务和中央领导对江苏要在全国实现两个率先的要求,南图在"十一五"期间就提出努力打造"国际先进、国内一流"现代化图书馆的奋斗目标,曾受到文化部督导组专家来管评估时的充分肯定。2013年,南图开始筹建课题组,计划围绕此目标,从办馆理念、读者服务、人才队伍、文献资源建设、新技术应用等方面,针对"十二五"期末至"十三五"开始之初,省级公共图书馆应选择的路径和采取的措施开展研究。课题组在研究本馆人才队伍时,从馆员队伍构成、学术研究能力等方面对中、美两国省(州)级公共图书馆做了一定的比较,经过初步研究发现美国的州级公共图书馆馆员队伍有以下几个特点:①有明确的职业分类。②有较高的从业门槛。③有成熟的用人制度。④有严格的管理考核。⑤有较强的职业精神。⑥有较高的社会地位和收入。进而提出省级公共图书馆在制定"十三五"发展规划时,应该有对引入或完善竞争上岗机制、建立或完善对馆员的考核和管理制度、完善激励机制、培养和引进各种高层次人才和安排馆员进修培训的针对性考虑。

其二,知识管理理念对省级公共图书馆文献资源建设规划的指导意义。知识管理作为一个概念,是在1986年的联合国国际劳工大会上被首次提出的,1995年得以正式形成[20]。该理念被图书馆界接受则是2001年的事情了。当时的美国专业图书馆协会(SLA)会长盖·克莱尔(Guy St Clair)指出:专业图书馆的发展趋势是开展知识服务,专业图书馆员和信息专家的新作用应是为用户提供获取知识、创新知识的知识服务。国内图书馆学知名学者、天津南开大学的柯平教授指出："知识管理以知识的发现、组织、传播和利用为基础,以科学技术和管理为核心,通过对知识和人的管理以实现知识价值的最大化为其基本内容。"[21]其他学者还进一步指出:广义的图书馆知识管理,包含着对图书馆馆藏知识资源的组织与管理和运用图书馆的集体智慧开展业务活动,提高图书馆创新能力和可持续发展能力的图书馆管理两大范畴[22]。以上这些观点已得到国内业界大多人士的认可。

随着知识管理理念的确立和知识服务要求的提出,对公共图书馆"知识组织者——提供加工整序的网上知识;知识创建与出版者——将网上知识进行深层次开发,组织成新的知识单元"等具体化的任务,无疑对公共图书馆的信息资源建设带来了新的要求。南图课题组经过一定的调研,初步分析出省级公共图书馆走向知识管理和服务的信息资源优势在于:①虚实结合的信息资源主体;②类型多样的信息资源载体;③空间开放的信息资源存储;④灵活自由的信息资源获取;⑤共建共享的信息资源传播。并根据省级公共图书馆走向知识管理和服务的信息资源建设现状提出:省级公共图书馆在规划"十三五"的信息资源建设时,应该在构建印刷型文献资源和数字化资源的相辅相成的科学馆藏体系、建立省级储存书库、加入异地数字联盟、开发地方文献数据库、开通三网互动平台、加强跨界信息融合等方面有预期性的考虑。

其三,知识自由理念对省级公共图书馆新技术应用规划的指导意义。1948 年,联合国在《世界人权宣言》第十九条写道:"人人有权享有主张和发表意见的自由;此项权利包括持有主张而不受干涉的自由;和通过任何媒介和不论国界寻求、接受和传递消息和思想的自由。"[23] 1994—2002 年,国际图书馆协会联合会的几个文件都强调了知识自由。国际社会普遍认为图书馆是实现信息自由的最佳场所和最有力的社会保障制度。基于公民利用图书馆的主要目的是为了接受知识,为了保障公民的知识自由权利,各国都设立图书馆建制特别是公共图书馆建制。

一般说来,加强服务的公益性、方便性、平等性和自由存取性是对公共图书馆贯彻知识自由理念的普遍要求。笔者认为:方便性和自由存取性则应该是省级公共图书馆做新技术应用规划时的重要依据。例如:近几年来,南京图书馆为进一步方便读者,全面启动南图数字图书馆服务,为南图读者提供馆外数据库访问服务,开通移动图书馆服务和 RFID 图书自助借还系统,发挥 RFID 系统在读者服务和图书管理方面的功能效益。还引进 10 台电子触摸屏读报设备,深受读者欢迎。南图在不断整合馆藏数字资源的同时,还对电子阅览室资源进行优化配置,增补全国文化信息资源共享工程国家中心推送的多媒体资源,使其真正成为集免费上网、共享工程、电子阅览、公益培训四大功能于一体的公共文化网络信息服务中心。目前还在积极调研引进 OCLC 知识发现平台,以期更好地帮助读者实现"傻瓜性""一站式"检索。以上这些工作都将在南图的"十三五"期间得到持续推进。

今年十二届全国人大三次会议通过的政府工作报告,首次提出"互联网＋"行动计划。伴随知识社会的来临,驱动当今社会变革的不仅仅是无所不在的网络,还有无所不在的计算、无所不在的数据、无所不在的知识。"互联网＋"不仅仅是互联网移动了、泛在了、应用于某个传统行业了,更加入了无所不在的计算、数据、知识,造就了无所不在的创新,改变了我们的生产、工作、生活方式,也引领了创新驱动发展的"新常态"。实际上,这里的互联网已经不再是传统意义上的信息网络,它更是一个物质、能量和信息相互交融的物联网;互联网传递的也不仅仅是传统意义上的信息,它还可以包括物质和能量的信息。另外,借助云计算、云存储、大数据以及智能分析技术,可以帮助图书馆员和读者实现海量信息的处理、决策支持和自由存取,因此,这些技术是省级公共图书馆在未来发展中必须采用的技术。

2015 年年初,中办、国办印发《关于加快构建现代公共文化服务体系的意见》和《国家基本公共文化服务指导标准(2015 ～ 2020 年)》,这是未来五年中国公共文化服务体系建设的纲领性文件。两办文件出台的理念基石正是"保基本、促公平",这与公共文化服务"均等化"和现代公共图书馆"平等服务"的理念是一脉相承的,它为各级公共图书馆的宣传推广和阅读促进提出新的要求,也为各馆的实践创新提供广阔的天地。笔者认为:省级公共图书馆在设计"十三五"服务规划时,应重点抓住重大文化惠民工程项目,根据国家的统筹安排,持续推进全国文化信息资源共享工程、国家数字图书馆推广项目和公共电子阅览室建设计划,在探索数字文化建设路经、创新服务机制上下功夫,以不断提高公共数字文化的供给能力和"互联网 + "环境下平等服务的水平。

笔者在上海图书馆召开的"第二届图书馆微服务经验交流会"上欣喜地看到:以微博、微信服务为主要技术手段的微服务方兴未艾,正以势不可挡之势在全国各级各类图书馆蓬蓬勃勃地开展起来。参加交流的全国 50 多个图书馆不仅定制了官方微博,还定制了微信的公众平台服务号(每 30 天可以发送 4 条群发消息。发给订阅用户的消息,还会显示在对方的聊天列表中。服务号不仅会在订阅用户的通讯录中,可申请自定义菜单,通过认证还可获得高级接口中所有接口权限),并定制了公众平台订阅号(每天可以发送 1 条群发消息。发给订阅用户的消息,会显示在对方的"订阅号"文件夹中。在订阅用户的通讯录中,订阅号被放入订阅号文件夹中。订阅号认证后还可申请自定义菜单,菜单交互效果佳)。以上海图书馆为例,该馆依托其雄厚的馆藏资源,不仅由各中心处室形成基于新浪微博的自媒体矩阵,初步达到与各自业务的读者及时沟通、网络服务、宣传自我的效果,还在开办二维码读者证,实现自助借还;采用 PDA 模式、EPUB 电子书自主开发阅读器,开展微阅读;基于 H5 页面设计上图微站;整合微信、腾讯新闻、支付宝、淘宝、微博、上图自主 APP、H5 主页,实现跨平台合作;等等。这些方面在全国图书馆界率先垂范,也昭示着省级公共图书馆技术应用的发展方向。

其四,平等服务理念对省级公共图书馆读者服务工作规划的指导意义。《中国大百科全书》第二版对平等的解释是这样的：平等，是"社会关系主体在人格尊严和社会关系的各个领域的地位的相等和权利义务的公平"。公共图书馆的平等服务，不仅包含每位读者享有利用图书馆资源的权利，还包括读者参与图书馆决策的权利等。这也是平等服务的核心要求所在。公共图书馆平等服务的第二个要求，就是要给予弱势群体如：未成年人、残疾人、孤寡老人、进城务工人员以及农村留守妇女儿童等以特别的包容与关爱。笔者认为：保障信息弱势群体平等利用信息的权利，在全球"信息革命"的今天和数字鸿沟不断扩大的情况下，显得尤为重要。再如：2012 年起，南图针对进城务工人员、老年人、少年儿童、下岗职工和病残人员等弱势群体组织公益培训，在电子阅览室专设 48 个机位实施"南图百场公益培训计划"，培训内容分为计算机基础操作、互联网络知识与应用、共享工程资源赏析、少儿多媒体数字资源推荐、馆藏数字资源应用等五个方面。截至 2015 年，南图百场公益培训已连续举办 3 年，培训场次达 350 场，接受培训者达 12000 人次，满足了社会大众对公共文化服务的需求，发挥了图书馆在文化惠民工程中的作用，已成为南图的服务品牌。我们的体会是：社会信息鸿沟的扩大，正是由部分弱势人群学习能力的缺乏所致。因此，图书馆比以往任何时候都更加强调为用户的继续教育与终身学习提供优良的平台。

第三节 本章结语

创新、协调、绿色、开放、共享的五大发展理念的提出,进一步体现马克思主义的唯物史观和科学的方法论。一是运用马克思主义哲学思想总结经验、分析形势、谋划未来,是"两点论"、重点论、系统论的成功运用。二是坚持问题导向,注重解决发展动力问题、发展不平衡问题、人与自然和谐问题、发展内外联动问题和社会公平正义问题,贯穿和体现了党的实事求是的思想路线。三是符合习近平总书记系列重要讲话精神,是我们党在发展理论探索上的一次重要升华,是党的发展理论在新时期的最新理论成果。我们要自觉将其融入图书馆工作的方方面面,编制好省级公共图书馆"十三五"发展规划,描绘好未来五年的发展蓝图。

现代公共图书馆理念是一个完整的体系,且源远流长,其基本内容远不止本书所列,各理念既独成系统,又互相关联、印证,并在实践中不断发展和完善着,如近年来随着互联网迅猛发展而形成的现代公共图书馆新技术和理念就有"泛在图书馆""SOLOMO"和"O2O"等。另外,作为普世性的现代公共图书馆理念,各省级公共图书馆在研究制定"十三五"发展规划时,决不能对其照搬照抄,而是要与我国国情和各馆馆情相结合,积极吸收借鉴其合理内涵以形成中国特色。本书努力诠释几个核心理念,阐述其对省级公共图书馆制定"十三五"

规划时的主要指导意义,旨在引起业界同行对现代公共图书馆理念的进一步重视,并在设计规划时自觉地对其合理内容予以应用和彰显。

参考文献

[1][3] 中共中央.中共中央关于制定国民经济和社会发展第十三个五年规划的建议[EB/OL].[2016 - 08 - 10].http://jjckb. xinhuanet. com/2015-11/03/c_134779811. htm.

[2][4][6] 文化部党组.以新的发展理念开创文化建设新局面[N].中国文化报,2015 - 12 - 17(01).

[5] 河北省文化厅."学习党的十八届五中全会精神的体会"[N].中国国文化报,2015 - 12 - 02(07).

[7] 中共江苏省委.中共江苏省委关于制定江苏省国民经济和社会发展第十三个五年规划的建议[EB/OL].[2016 - 08 - 10].http://leaders. people. com. cn/n/2015/1203/c400473-27886733. html.

[8] 江苏省文化厅.江苏省文化厅"十三五"文化发展规划[EB/OL].[2016 - 08 - 10].http://www. jscnt. gov. cn/xxgk/xxkml/201605/t20160526_39514. htm.

[9] 汉语辞海.理念[EB/OL].[2016 - 08 - 10].http://cihai. supfree. net/two. asp? id = 224317.

[10] 吴桐.现代图书馆基本理念体系研究[D].哈尔滨:黑龙江大学,2011.

[11] Just Released:IFLA Statement on Libraries and Development[EB/OL].[2016 - 08 - 10].http://www. ifla. org/node/7982.

[12] 马竹英,韩小亚.百年回首话权利——学习《图书馆宣言》有感[J].新世纪图书馆,2010(3):29 - 31.

［13］刘燕.中美公共图书馆制度比较研究［D］.昆明:云南大学,2013.

［14］中国图书馆学会发布《图书馆服务宣言》［EB/OL］.［2016 － 08 － 10］.http://www.chinaxwcb.com/xwcbpaper/html/2008 － 11/06/content_42297.htm.

［15］于良芝.公共图书馆存在的理由:来自图书馆使命的注解［J］.图书与情报,2007(1):1 － 9.

［16］The huntingon.mission statement［EB/OL］.［2016 － 08 － 10］.http://www.huntington.org/WebAssets/Templates/content.aspx? id ＝14552.

［17］范并思等.现代图书馆理念的基石——"权利时代的图书馆"巅峰论谈［J］.图书馆建设,2015(1):4 － 19.

［18］丁宇.走向善治的中国政府管理创新研究［D］.武汉:武汉大学,2011.

［19］王世伟.从"读者第一"到"图书馆员第一"——知识经济带给图书馆管理的思考之一［J］.图书馆杂志,1999(2):5.

［20］戴炜璞.知识管理在组织行政管理项目中的应用研究［M］.厦门:华侨大学,2013.

［21］柯平.论知识管理［J］.郑州大学学报,2001 － 12 － 25.

［22］毛刚.图书馆用户需求生态服务系统研究［D］.长春:吉林大学,2013.

［23］《世界人权宣言》全文［EB/OL］.［2016 － 09 － 10］.http://www.360doc.com/content/15/0916/15/276037_499525643.shtml.

第三章 省级公共图书馆的服务功能定位

2015 年是"十二五"发展规划的收官之年,也是"十三五"发展规划的谋篇之年。"十三五"是我国实现全面建成小康社会目标的"冲刺"关键期。面对国家加快构建现代公共文化服务体系的发展战略,许多省级公共图书馆已在积极谋划"十三五"规划。服务是图书馆永恒的主题,服务功能定位是推动图书馆创新和发展的有力保证。作为省级公共图书馆的南京图书馆,如何以新的服务理念认识新常态下的服务环境,以新的发展方式适应新常态下的服务转型,找准新常态下的服务功能定位,逐步确立自身的公共文化服务新常态,发挥江苏省公共图书馆系统服务创新的带头人和促进公共文化服务体系优化发展的排头兵作用,推动江苏省公共文化服务在"十三五"时期的可持续发展,成为南图人迫切需要研究和解决的问题。

第一节 省级公共图书馆服务功能定位研究的引领性文件

公共文化服务体系是指以政府为主导的,公益性文化单位为骨干的,面向社会大众的公益性文化服务体系。省级公共图书馆作为政府主办的面对社会公众提供文献信息资源的公益性文化服务机构,在公共文化服务体系中占有举足轻重的位置[1]。

2015 年 1 月 14 日,中共中央办公厅、国务院办公厅印发《关于加快构建现代公共文化服务体系的意见》(以下简称《意见》)以及附件《国家基本公共文化服务指导标准》(2015—2020 年),明确今后一个时期我国推进现代公共文化服务体系建设的总体目标、基本原则、重点任务以及保障措施。这不仅是落实十八届三中全会《决定》提出的"构建现代公共文化服务体系"改革任务的重大举措,也是实现基本公共文化服务标准化、均等化,保障和改善文化民生的法律保障,更是省级公共图书馆制定"十三五"规划的精神动力和引领性文件[2]。

第二节　省级公共图书馆服务功能定位的内涵

公共图书馆是人类历史上最早出现的图书馆类型。我国 2012 年 5 月 1 日起实施的《公共图书馆服务规范》明确指出:"公共图书馆由各级人民政府投资兴办、或由社会力量捐资兴办的向社会公众开放的图书馆,是具有文献信息资源收集、整理、存储、传播、研究和服务等功能的公益性公共文化与社会教育设施。"当前,公共图书馆服务体系在我国主要有四个层级:第一层级是国家公共图书馆服务体系建设的核心馆——

国家图书馆;第二层级是地区公共图书馆服务体系建设的龙头馆——省级公共图书馆;第三层级是地区公共图书馆服务体系建设的承上启下馆——地市级图书馆;第四层级是农村公共图书馆服务体系建设的重要支撑馆——县级图书馆。在现代公共文化服务体系建设中,各层级公共图书馆应该认清自身的职能和使命,科学定位服务功能,完善服务体系,提高服务效能[3]。

　　省级公共图书馆是在政府支持下的非营利性质的公益性服务机构。它作为公共文化服务体系的重要组成部分,是为广大民众传播科学文化知识信息的中枢平台。省级公共图书馆位居国家图书馆和市级图书馆之间,肩负承上启下重任,理应根据《意见》精神,转变思想观念,确定服务定位,切实发挥省级公共图书馆在公共文化服务体系中的作用。所谓省级公共图书馆服务功能定位,就是让省级这个层级的公共图书馆服务与国家级、地市级、县级公共图书馆服务有所不同,以省域文化需求为中心,形成核心竞争力。正如湖南省图书馆馆长张勇所说:"省级公共图书馆的服务要能体现该省域文献载体文化积累、传承和发展的成果。春风化雨、润物无声地表现阅读文化的内涵和精神,是省域知本文化的标志和表征。"[4]

第三节　省级公共图书馆服务功能定位的意义

　　中国图书馆学会在 2008 年发布的《图书馆服务宣言》中,

对图书馆的社会公共职能给予了明确定位:"图书馆是通向知识之门,通过系统收集、保存与组织文献信息,实现传播知识、传承文明的社会功能。"对于公共图书馆的服务功能定位,国内外早有研究,但目前我国专门针对省级公共图书馆服务功能定位研究的文献并不多。有学者认为省级公共图书馆是省域范围内公共图书馆中心机构,理当成为省域内信息资源储备中心和参考咨询、情报等较高层次的信息服务中心;也有学者认为省级公共图书馆既是信息咨询研究中心、教育支持中心、文化遗产中心,也是阅读中心、信息中心和休闲中心[5]。

省级公共图书馆大多位居省会城市,在民众心中占有重要位置。很多省级公共图书馆在建设理念、设施布局、管理运行和服务提供等方面,未与自身的层级相匹配,不能按照现代社会的发展要求为公众提供所需的服务,这既是对国家人力、财力、物力的浪费,也不利于图书馆事业的发展。省级公共图书馆只有不断反思,明确自身的服务定位,才能确定相应的馆藏特色、设施布局和建设规模,运用现代化的传播方式,满足民众多样化的文化需求;省级公共图书馆只有明确自身的服务定位,才能发挥自身优势,满足民众在其他层级图书馆无法获得的服务需求,树立良好的社会形象,扩大社会影响力,发挥其在公共文化服务体系中的主导作用。南京图书馆在"十三五"规划研讨之际确定符合现实又面向未来的服务功能定位,对大力传承和弘扬中华优秀传统文化,发挥省级公共图书馆的公共文化服务职能,全力向"国际先进、国内一流",兼具综合性和研究型的现代化省级公共图书馆的目标迈进有着十分重要的意义[6]。

第四节 面向"十三五"的南京图书馆服务功能定位思考

公共图书馆是传播教育、文化和信息的一支有生力量,公共图书馆保障公民享有获取知识的权利。"一切为了读者、为书找人、为人找书"是对图书馆服务的最好诠释。"十三五"时期将是我国全面建成小康社会、实现中华民族伟大复兴中国梦的关键时期,南京图书馆作为江苏省公共图书馆服务体系建设的龙头馆,在迎接"十三五"到来之际,研究其服务功能定位应以《意见》提出的"正确导向、政府主导、社会参与、共建共享、改革创新"的五条原则为基本遵循,重视载体文化的积累与传承,以服务标准化促进服务均等化发展,提升服务效能,彰显其江苏省知本文化标志和表征的地位,使其更好地发挥履行国家政策、引领发展潮流的表率作用[7]。

一、社会教育功能

1. 应成为精神文明建设中心

省级公共图书馆是省域文献信息资源汇聚与交流的中心。省级公共图书馆丰富的资源和优质的服务,激发了人们阅读和学习的欲望,为社会营造出良好的文化氛围,使人类精神文明建设有了可靠的保证。南京图书馆要充分发挥馆藏文献信息资源丰厚的优势;充分利用场馆宽阔优雅,满足多层次需求的优势;充分发挥馆员素质优良、业务精湛和服务一流的优势,为读者营造浓郁的精神氛围和恬淡的文化氛围。在现代公共文化服务体系中,积极开展培育与践行社会主义核心价值观系列培训教育工作,举办社会主义核心价值观图片展、普法教育展,增加部队、学校、社区、监狱等流通服务点,定期配送弘扬中华传统文化的书籍,唤醒全民的爱国主义、集体主义精神,成为市民接受终身教育的理想殿堂和精神文明建设中心,发挥传递科学文化知识,进行爱国主义教育的职能作用。

2. 应成为社会教育中心

社会教育是指学校教育以外的一切文化教育设施对儿童、青少年和成人进行的各种教育活动。社会教育的兴起是近现代民主社会发展的重大进步,公共图书馆是现代社会教育体系中不可忽略的部分。社会教育学习中心是公共图书馆的天赋使命,且伴随着公共图书馆发展的始终。南京图书馆馆藏丰富,环境优雅,设施齐全,理应成为学习、传播先进文化,弘扬正能量的社会教育中心。在构建全省公共文化服务体系中应坚持正确导向,为低龄儿童制定启蒙教育计划;为青少年配备科普教育教材;为民众的终身教育提供学习指南。通过这些教育活动弥补学校教育的不足,满足成年人继续教育的要求,实现个人的全面发展和全民素质的大力提升[8]。

二、阅读学习功能

1.应培养全民阅读风尚

阅读风尚的形成,直接影响到一个国家和民族的未来。1995 年,联合国教科文组织宣布每年的 4 月 23 日为"世界读书日",希望散居在世界各地的人,无论是年老还是年轻;无论是贫穷还是富裕;无论是患病还是健康,都能享受阅读的乐趣,尊重和感谢为人类文明做出过巨大贡献的文学、科学和思想的大师们,且能保护知识产权。作为信息资源集散地的南京图书馆,是培养全民阅读风尚的重要基地,首先要为读者提供类型多样、载体丰富的资源,吸引读者阅读;其次要做好导读工作,对不同年龄、不同文化层次的读者推荐适宜的阅读书目,使更多的人学会读书,喜爱读书;同时加大全民阅读宣传力度,开展各种形式的读书活动,促进全民阅读学习,发挥省级公共图书馆培养全民阅读风尚的功能和作用。

2.应培养阅读推广人

省级公共图书馆定期或不定期地举办全民阅读推广培训班,可以激发全民阅读兴趣,培养全民阅读习惯,增强全民阅读意识,提高全民阅读水平。以群众需求为"指挥棒",加大免费培训力度,才能影响更多的人成为阅读推广人员。南京图书馆开创的"南图阅读节""陶风读书会"等品牌,以交流互动的方式宣传和弘扬中华传统文化,使读者感悟到博大精深的中国传统文化对当代生活的影响,从而吸引众多的读者参与阅读,喜爱阅读,营造全社会的阅读意识和求知氛围。"十三五"期间,要在培养民众自觉成为全民阅读的推广人和阅读文化环境的建设者方面继续努力[9]。

三、信息服务功能

1. 应开创均衡发展局面

让文化的阳光照耀着每一个人,每一个角落,促进公共文化的均衡发展,是我国公共文化事业发展的终极目标。南京图书馆是江苏省域范围藏书、目录、馆际互借和业务研究、交流的中心,肩负与其他层级、类型的图书馆不同性质的使命和职能,应秉持"以人为本""公平、均等"的信息服务理念,服务人群不分男女老幼、穷人富人;服务地域不分东南西北、城市乡村,开创信息服务在区域之间、城乡之间、人群之间均衡发展的新局面。当然,还应发挥省馆的优势,在为企业、科研和政府决策服务、知识导航服务、参考咨询服务、科技查新服务、地方文化服务、个性化服务等高层次信息增值服务方面;在实现服务项目的多元化和一体化,满足社会不断增长的、多样化的信息需求方面做出新的贡献。

2. 应开创"创客空间"模式

近年来,"创客空间"在美国图书馆界蔚然成风,公共图书馆创客空间的课题一直方兴未艾。美国部分图书馆已经成功构建的"创客空间",不仅为读者学习提供图书资源,还为读者的探索和拓展提供空间。国内也有图书馆开始筹划构建"创客空间",将它作为图书馆知识服务的自然延伸,纳入图书馆服务的新体系。这一举措必将掀起图书馆服务的新浪潮。尝试借鉴美国图书馆"创客空间"模式,在南京图书馆开创"创客空间",既可以为读者提供学习空间、交流空间、灵感空间和展示空间,支撑读者个人自我价值和社会价值的共同展现,也可以推动省级公共图书馆服务向前迈进一大步,增强省级公共图书馆全方位服务的能力,为省级公共图书馆的转型变革提供新的契机[10]。

四、文化休闲功能

1.应打造文化服务品牌

文化休闲是指人在完成社会必要劳动时间之后,为满足多方面需要而追求的一种文化创造、文化欣赏、文化建构的生命状态和行为方式。"十三五"期间,南京图书馆应继续精心打造"南图讲座""南图读书节""陶风读书会"等文化品牌,进一步提升南图的知名度和社会美誉度。为更好地促进江苏全民阅读日活动的深入开展,发挥省级公共图书馆应有的作用。在面向社会公开承诺全年每个周六、周日举办免费讲座的同时,继续开展"南图讲座基层行"巡讲活动,用品牌服务基层,打造"南图讲座"新亮点。还应继续打造"南图会展"品牌,做好自展,拓展巡展,引进优展,扩大"南图会展"的影响力,营造文化休闲氛围。

2.应打造文化休闲空间

"第二起居室"的概念第一次将公共图书馆的使命引向传统图书馆使命概念以外的世界,具有"柳暗花明"的效果。"第三文化空间"的概念是国际图书馆界受到"第二起居室"

概念的启发而引入的,更恰当地描绘了人们对未来公共图书馆定位的蓝图。它们都要求未来的公共图书馆具备社会性、公共性、文化性和休闲性。"十三五"期间的南京图书馆应努力打造"第三文化空间",创新文化休闲服务,使读者能在文化中享乐休闲,在休闲中品味文化,乐在其中,味在其中,最大限度地满足读者的文化休闲需求,最广泛地让读者获取精神、文化和生活的享受。国外以文化休闲创新服务的经验很多,如美国图书馆协会 2008 年发起的"国际图书馆游戏日"活动等,都可以借鉴[11]。

五、引领发展功能

1. 应构建全省公共图书馆服务网络

南京图书馆作为江苏省公共图书馆服务体系建设的龙头馆,"十三五"期间要构建针对新兴互联网的数字资源服务终端,利用更先进的网络技术拓宽数字资源服务范围,抢占新的数字资源服务领地,迎合移动终端的数字资源服务,建立手机数字图书馆、少儿数字图书馆和盲人数字图书馆。以图书馆联盟的形式,构建全省公共图书馆服务网络,指导全省各级公共图书馆运用新技术,搭建服务平台,编制联合目录,开展馆际互借,实现互联互通,努力消除数字鸿沟,从根本上提高全省公共图书馆的服务能力与服务水平。要继续推进全省公共图书馆参考咨询网的建设,使之遍布全省各区、县图书馆。要加快引进和应用中外文知识发现和统一检索平台,积极利用OCLC平台推进国际馆际互借,真正将中国文化推向世界。要配合文化主管部门在全省实施"文化信息资源共建共享工程""数字图书馆推广工程""电子阅览室工程"以及"古籍保护工程"。要加快对馆藏历史文献的数字化进程,形成古籍数据库平台,建设江苏古籍全文数据库。启动馆藏珍贵历史文献修复计划,组织江苏省古籍保护中心的专家到市、县图书馆,指导古籍修复、保护工作。要实施馆藏多媒体资源抢救性数字化加工和回溯标引建库等项目,以创新技术应用和文献资源保护优势,引领全省市、县图书馆持续性的发展[12]。

2.应构建三大系统共享平台

在全球信息化的今天,公共图书馆要摒弃单打独斗的信息资源服务方式,要依靠"三大系统"的合纵连横开展信息资源服务,才能最大限度地满足所有用户的需求。省级公共图书馆本应以收集、保存和整合文化信息资源,挖掘地方特色资源,研发地方文化创意产品,建立地方文献数据库,创新文化产品的服务方式,支持省域文化的建设和发展为己任。南京图书馆是江苏省域范围内文献信息的集散地,也是最大的文献信息研究所和咨询机构,在文献信息服务方面具有针对性强、专业性强、标准化强等优势,而本省高校及科研院所图书馆同样也具有多方面优势,南图应主导与高校及科研院所图书馆的合作与联盟,构建省域范围内三大系统图书馆的共建共享体系,促进先进文化的传播与交流,实现省域内资源、服务的优势互补,为建设文化新江苏发挥应有的作用。

第五节　本章结语

南京图书馆是集学习研究、信息发现、知识创新与休闲体验于一体的学术文化中心,其服务大众的能力、水平是江苏省文化软实力的体现和标志。在"十三五"规划研订之际,将社会教育、阅读学习、信息服务、文化休闲、引领发展作为本馆的服务功能定位,将有助于更好地发挥南图在江苏省公共文化服务体系中的作用,加快实现其建设"国际先进、国内一流"的综合性、研究型现代化图书馆的目标,从而为建成小康社会做出应有的贡献。

参考文献

[1] 巫志南等.现代公共文化服务体系中的公共图书馆[J].中国图书馆学报,2015(5).

[2] 李国新.现代公共文化服务体系建设与公共图书馆发展[J].中国图书馆学报,2015(5).

[3] 王瑞英.公共文化服务体系中公共图书馆的服务定位[J].图书与情报,2009(5).

[4] 程小澜等.省图书馆在公共图书馆服务体系中的定位与发展[J].国家图书馆学刊,2007(3).

[5] 李晓新.我国公共图书馆可持续发展中的功能设计[J].图书馆理论与实践,2005(1).

[6] 柯平等.省级公共图书馆在公共文化服务体系中的功能定位[J].国

家图书馆学刊,2008(4).

[7] 闫小斌等.从国家文化战略看图书馆服务定位与发展[J].图书馆学刊,2013(7).

[8] 方标军.南京图书馆战略定位研究[J].新世纪图书馆,2010(5).

[9] 袁睿.新阅读时代图书馆服务的定位与举措[J].四川图书馆学报,2013(5).

[10] 陈林.美国图书馆创客空间调查报告解读[J].图书馆学研究,2015(50).

[11] 明娟.美国图书馆"游戏日"活动经验及启示[J].图书馆论坛,2014(3).

[12] 田青.图书馆参与社会服务的定位与发展[J].长春师范学院学报,2013(4).

第四章　省级公共图书馆的使命

第一节　南京图书馆使命设计的背景

2015 年,是"十二五"规划的收官之年,也是"十三五"规划的编制之年。1 月 14 日,中共中央办公厅、国务院办公厅印发《关于加快构建现代公共文化服务体系的意见》,为今后五年加快构建现代公共文化服务体系提出指导思想、基本原则、主要目标和措施要求,也为加快公共图书馆事业的发展指明了方向、描绘了蓝图[1]。江苏省作为东部经济发达省份,党中央历来寄予厚望,曾对江苏提出在全面建成小康社会的基础上率先基本实现现代化的发展目标,2014 年习近平总书记又提出"努力建设经济强、百姓富、环境美、社会文明程度高的新江苏"的殷切希望,为江苏发展确立了新坐标、明确了新任务[2]。

在推进全面建成小康社会、全面深化改革、全面依法治国、全面从严治党的伟大进程中,未来五年时间里,南京图书馆作为江苏省级公共图书馆,如何担当使命,更好地发挥作用,推动文化建设迈上新台阶应是认真思考的问题。

第二节 使命的内涵

"使命"一词源于《左传·昭公十六年》,"会朝之不敬,使命之不听,取陵於大国,罢民而无功,罪及而弗知,侨之耻也",意为奉命去完成的某种任务,泛指重大的任务或责任[3]。公共图书馆使命(mission)是关于公共图书馆责任的陈述,表达同样含义的术语还包括目的、任务、功能定位等[4]。中国图书馆学会发布的《图书馆服务宣言(2008)》明确:"现代图书馆秉承对全社会开放的理念,承担实现和保障公民文化权利、缩小社会信息鸿沟的使命。"[5]世界上主要公共图书馆专业文献都推荐教育、信息服务、文化传播、促进社会和谐、培育信息素养、培养阅读兴趣、扫盲为当代公共图书馆的主要使命[6]。即便是私人图书馆也都制定有明确的使命,如美国著名的私人图书馆——"亨利·爱德华·亨廷顿图书馆、美术馆和植物园"(简称"亨廷顿图书馆")就将其使命表述为,"建立在为游客提供著名的收藏和植物园遗产的基础上,今天的亨廷顿图书馆,通过增长和保护其馆藏,通过学者社团的发展和支持,并通过向公众展示和解释其非凡的资源,鼓励研究和促进艺术、人文和植物科学的教育",并在馆藏、组织和亨廷顿社团三个方面有着进一步的表述[7]。

第三节　南京图书馆使命设计的考量

《关于加快构建现代公共文化服务体系的意见》要求,要坚持正确导向、政府主导、社会参与、共建共享和改革创新,到2020年,基本建成覆盖城乡、便捷高效、保基本、促公平的现代公共文化服务体系,推动社会主义文化大发展大繁荣,提高全民族文化素质,增强民族凝聚力,为实现中华民族伟大复兴中国梦提供强大的精神动力和文化支撑。

公共图书馆作为国家公益性文化服务的主体机构之一,欲构建现代公共文化服务体系,必先构建现代公共图书馆服务体系。在"十三五"期间,南京图书馆要用超前思维,借用先进技术,在"现代"上下功夫,在"体系"上做文章,进一步明确定位,勇于担当,确保到2020年,引领全省图书馆基本建成覆盖全省、无所不能、无处不在的智慧化图书馆服务体系。

一、担当起全省图书馆事业发展龙头的使命

南京图书馆是江苏省公共图书馆,国家一级馆,馆藏位居全国第三,确立了"国际先进、国内一流"的奋斗目标。作为介于国家与地市级之间,承上启下,统领全省,既要对国家政策和国际动态有所回应落实,又要对全省业务有所引领辐射,对全省图书馆事业的发展具有不可推卸的服务体系构建、业务指导协调、学术引领示范三大作用。

1. 构建图书馆服务体系

当前,要构建体系,最便捷、最好操作、也最流行的方法莫过于"互联网＋"了。它是创新 2.0 下互联网发展的新形态,是重塑了物联网、云计算、社会计算和大数据等信息技术的新业态。事实证明,互联网加什么传统行业,什么传统行业就会得到革命性的飞速发展,如:加通信、加媒体、加零售等行业。南京图书馆要牵头全省各公共图书馆,运用"互联网＋"技术,打破馆际壁垒,先期构建全省公共图书馆服务体系,继而再整合高校和科研院所图书馆,最后形成覆盖全省的图书馆服务体系。

2. 开展业务指导协调

大而全的服务背后需要强大的业务支撑。南京图书馆作为法人治理结构改革试点单位,要不断总结经验,努力为兄弟单位发挥示范作用。要促进出台《江苏省公共图书馆管理办法》,确保全省的图书馆建设事业有法可依。要当好业务领军的角色,充分发挥在全省图书馆事业建设与服务过程中统领全局和组织协调的作用,建立业务协调机制,定期召开协调会议对重大事项进行协调,通过业务交流 QQ 群等形式对出现的服务问题随时协商解决,从而提升全省图书馆协同服务水平。

3. 加强引领学术研究

紧盯国际图书馆发展的最新动态和国家层面的最新要求,及时收集反馈民众和读者对图书馆服务的意见和建议,通过征文、培训、研讨等形式,加大对新生事物的研究,积极推进新技术在图书馆工作中的应用,以学术带动业务的创新发展。

要制定《南京图书馆"十三五"科研课题指南》,进一步提高《新世纪图书馆》办刊质量,争取进入全国核心期刊的行列。

二、担当起全省文献信息资源保障与服务中心的使命

《图书馆服务宣言(2008)》指出:"图书馆是通向知识之门,它通过系统收集、保存与组织文献信息,实现传播知识、传承文明的社会功能。"保存人类文化遗产是公共图书馆的最基本功能之一,丰富的馆藏更是图书馆的立足之本。英国国家图书馆作为全球规模最大的实体图书馆之一,近两年里访客数量只增不减,增幅平均10%左右,究其原因是其拥有丰富的历史资源。南京图书馆作为省级公共图书馆,要通过呈缴、征集、受捐、交换、购买、自建等方法,进一步扩大馆藏的品种和范围,最大限度地丰富馆藏和扩大免费开放,使之真正成为江苏省经济社会发展的文献信息资源保障与服务中心。要争取老馆的保留、开发和利用,恢复开放"国立中央图书馆旧址",以厚重的历史、丰富的馆藏,确保图书馆事业的可持续发展。

三、担当起引领社会教育教化的使命

1. 倡导社会阅读

《关于加快构建现代公共文化服务体系的意见》明文规定:"深入开展全民阅读活动,推动全民阅读进家庭、进社区、进校园、进农村、进企业、进机关。"在2015年"两会"上,"全民阅读"第二次被写入《政府工作报告》,李克强总理表示明年还会继续,并说:"我希望全民阅读能够形成一种氛围,无处

不在。"[8]南京图书馆连续五年举办"南图阅读节",最大的特点是确立"和名著对话,与大师同行"的办节理念,每年选择一部经典名著,通过论坛、讲座、展览、影片赏析、诗文诵读、知识竞赛、作品大赛等形式,深入解读每部名著的精义,受到了社会的广泛好评,荣获江苏省第六届公共图书馆优秀服务成果一等奖,成为南京图书馆的文化活动品牌。今后,要继续沿着这条道路,在成功选读四大名著的基础上,继续选读《孟子》《老子》《庄子》等中国古典哲学名著。同时,要在春节元旦、"世界读书日""六一儿童节"等节假日开展形式各样、寓教于乐的读者活动,促进全民阅读氛围的形成。

2. 提升全民素养

素养(literacy)是指一个人的基本文化能力,分为阅读写作计算、信息素养和职业素养三个层次。首先要让普天下民众零门槛、无障碍、有尊严地走进图书馆、利用图书馆,满足他们的最基本文化需求。其次要开展高端服务,培养提高民众的信息素养以及与其相关的媒体、计算机、视觉、艺术、数字等素养,以适应信息时代的需要。三是要为满足民众职业素养开展特别服务,主动承担起为广大民众适应新形势的新技能培训,为填平社会的技能鸿沟做出贡献。

3. 开展社会实践教育

近几年来,图书馆建设突飞猛进,成为城市文化的标识和公益文化活动的主阵地。少先队员、青少年、中老年等越来越热衷到图书馆开展"我是小小图书管理员""青年文化志愿者""老年书友会"等活动。《关于加快构建现代公共文化服务体系的意见》明确要求要大力弘扬志愿服务精神,大力推进文化志愿服务。南京图书馆要充分发挥"全国廉政文化建设示范基地""江苏省文化志愿者活动基地"的作用,创新服务内容、工作方式和活动载体,组织各种公益的读书、观展、益智、交流等活动,探索构建参与广泛、内容丰富、形式多样、机制健全的文化志愿服务体系。

四、担当起知识管理和智慧服务的使命

云计算、大数据、数字图书馆等先进技术催生"智慧化"概念。"互联网+"作为"智慧化"概念的本质特征,不仅仅是技术上的"+",也是思维、理念、模式上的"+",其重要内容就是要推行以人为本的管理和服务模式上的"智慧化"创新。上海交通大学等多家图书馆提出到2020年打造出触手可及、灵活感知的智慧图书馆。智慧图书馆是在数字图书馆的基础上、通过云计算和大数据技术发展的创新形态,是未来图书馆发展的新模式[9]。

1. 智能运营

智慧图书馆拥有智慧的管理系统,能够对各种反馈信息和事务进行处理、管理和决策,实现跨系统应用集成、跨部门信息共享、跨库网转换互通、跨媒体深度融合、跨馆际物流速递,达到书书相连、书人相连、人人相连,最终在省内、国内,直至全球图书馆互联互通。

2. 知识管理

数字化深刻影响着知识流向,成为承载和管理知识的主流形态,正加速替代传统图书馆承担的知识流通功能。美国一项调查表明,7.2%的书支撑着80%的流通量,近80%的图书得不到有效流通。2013 年,英国国家图书馆数字化并上传100 万张未得到有效流通的书籍和图片,出乎意料的是受到了全球读者的欢迎和好评。同样,其他图书馆也面临着馆藏文献的挖掘开发和推广使用的问题[10]。南京图书馆要以用户为中心,加大馆藏数字化的力度,提升知识管理与服务的水平,最大化地提升馆藏利用率,实现"知识即服务"。

3. 智慧服务

智慧图书馆的知识服务应该是一站式的、问答式的、终点式的。手机作为最常见、最普及的终端设备,要打造移动图书馆,让手机成为联系读者与智慧图书馆的桥梁,让读者不论身处何处何时都有种"手里握着图书馆"的自信。要抓好全国图书馆参考咨询协作网和省级公共馆立法决策服务协作平台的运行,引导民众了解和利用图书馆文献信息资源,进一步优化对党政机关以及社会公众的咨询服务。

五、担当起第三空间的使命

1. 文化娱乐休闲

作者多次撰文论述公共图书馆作为"第三空间"的必要性和可行性,认为:作为"第三空间"的图书馆,是人们除生活和工作以外的自由、免费、公共的文化空间。在情况许可下,免费开放会议室、展览厅、声像视听室、多功能学术活动厅,增设音乐厅、咖啡厅、娱乐厅、餐厅等,增加文化娱乐休闲的沙发、座椅等设施,与商业娱乐休闲场所错位发展,互为补充,相得益彰,真正让图书馆成为民众免费、舒适的文化休闲场所。

2."创客"空间

"创客"一词 2015 年首次进入政府工作报告,李克强总理在回顾去年工作时提出"众多'创客'脱颖而出"。国务院办公厅印发的《关于发展众创空间推进大众创新创业的指导意见》,工作重点中包括构建一批低成本、便利化、全要素、开放式的众创空间[11]。上海图书馆吴建中馆长是其积极倡导者,"上图'创·新空间'吸引创客扎根"的报道不时付诸报端,受到读者和社会的好评。南京图书馆要开辟"创客"空间,配备制图设备、设计软件、多媒体触屏、3D 打印、投影、音响等设备,举办各类展览、讲座、专家指导等活动,提供专业的参考咨询和帮助,使"创客"空间成为创业者的公益试验室。

3.自修空间

南京图书馆免费开放自修室以来,每天座无虚席,寒暑假和节假日更是一座难求,排队等候。今后,南京图书馆要根据读者需求,适时增加自修空间的开放面积,延长开放时间,满足读者的学习要求。

综上所述,南京图书馆在"十三五"期间的使命应该表述为:以《关于加快构建现代公共文化服务体系的意见》为指导,充分发挥全省图书馆事业发展的龙头作用,立足于全省文献信息资源的保障和服务,全面引领社会教育教化,开展知识管理和智慧服务,营造第三空间,基本建成覆盖全省、无所不能、无处不在、便捷高效的智慧化图书馆服务体系,努力为建设新江苏做出更大的贡献。

第四节　本章结语

简而言之,省级公共图书馆的使命,就是各省馆根据国家的大政方针和所在省的省情、馆情,研究制定的一定时期内所要完成的重大任务或履行的重要职责。2015 年是"十二五"规划的收官之年和"十三五"时期的布局之年,各馆在起草"十三五"规划之际,极有必要先行研定本馆的使命,以便明确本馆在"十三五"乃至更长的时期内的目的、任务、功能定位等要素,以保障图书馆的事业得以持续、健康的科学发展。

参考文献

[1] 新华网.《关于加快构建现代公共文化服务体系的意见》(全文).[EB - OL].[2015 - 03 - 10]. http://news. xinhuanet. com/zgjx/2015-01/15/c_133920319. htm.

[2] 新华报业网.努力建设经济强百姓富环境美社会文明程度高的新江苏[EB - OL].[2015 - 03 - 10]. http://news. xhby. net/system/2014/12/15/022931603. shtml.

[3] 刘振铎.辞海[M].长春:北方妇女儿童出版社,2002.

[4] 于良芝.探索公共图书馆的使命:英美历程借鉴[J].图书馆,2006(4):1 - 31.

[5] 中国图书馆学会网站.中国图书馆学会图书馆服务宣言(2008) [EB-OL].[2015-03-20].http://www.lsc.org.cn/c/cn/news/ 2009-01/05/news_2771.html.

[6] 于良芝.公共图书馆存在的理由:来自图书馆使命的注解[J].图书 与情报,2007(1):1-9.

[7] http://www.huntington.org/WebAssets/Templates/content.aspx? id =14552.

[8] 人民网.李克强:希望全民阅读形成氛围,无处不在[EB-OL]. [2015-03-20].http://politics.people.com.cn/n/2015/0315/ c70731-26695616.html.

[9] 李浩.云计算、大数据、数字图书馆与智慧图书馆关联研究——用大 数据战略打造智慧图书馆的思考[J].四川图书馆学报,2014(6): 31-34.

[10] 童薇菁.大英图书馆:数字时代,图书馆更是诺亚方舟[N].文汇 报,2015-03-10.

[11] 中华人民共和国科学技术部官网.国务院办公厅关于发展众创空 间推进大众创新创业的指导意见[EB-OL].[2015-03-20].ht- tp://www.most.gov.cn/yw/201503/t20150311_118521.htm.

第五章　省级公共图书馆的队伍建设

第一节　"国内一流、国际先进"目标的提出

南京图书馆是江苏省省级公共图书馆,国家一级图书馆,前身可追溯至 1907 年创办的江南图书馆和 1933 年国民政府时期筹建的中央图书馆,1954 年正式定名为南京图书馆。截至 2015 年年底,这座百年老馆藏书总量已超过 1232 万册,仅次于国家图书馆和上海图书馆,位居全国第三。其中古籍 160 万册,已有 454 种入选国家珍贵古籍名录,在海内外享有较高的声誉。2007 年,建筑投资 4 亿元人民币的南京图书馆新馆全面开放,占地面积 2.52 万平方米,建筑面积 7.87 万平方米,馆内设有读者座位 3000 个,信息点 4000 多个。作为江苏省文化版图的新坐标,南京图书馆在新馆全面开放不久就提出"国内一流、国际先进"的奋斗目标,坚持以"用"为主、以读者为中心的理念,以开架为主要服务方式,实现藏、借、阅、咨询、管理的一体化,以实际行动努力向综合性、研究型、现代化的图书馆迈进[1]。

在第五次全国公共图书馆评估定级中,南京图书馆作为江苏省省级公共图书馆以满分再次被评为国家一级图书馆。

其中建设"国内一流、国际先进"图书馆的奋斗目标,引起了文化部评估督导组专家们的浓厚兴趣。他们赞叹南京图书馆高瞻远瞩,理念先进,能将自身发展放到国际平台上进行规划。围绕这个奋斗目标,本章从馆员队伍建设的角度,对国内外省(州)级公共图书馆馆员队伍建设进行比较研究,管窥南京图书馆的馆员队伍目前处在一个什么水平,到底离"国内一流、国际先进"的目标还有多远,应采取什么措施才能早日实现这个奋斗目标?

第二节 "国内一流、国际先进"目标的概念

"一流"一词,源自三国《人物志·接识》,"故一流之人能识一流之善,二流之人能识二流之美",第一等的意思。"先进"一词,意为位于前列,可为表率。"国内一流、国际先进"是指在国内公共图书馆界处于第一等,在国际上位于前列,可为表率。

第三节 南京图书馆与国内省级公共图书馆的比较

一、从业人员比较

2011年,南京图书馆从业人数525人,其中专业技术人才

442人;正高级职称18人、副高级职称77人、中级职称166人。在从业人员的体量上,与全国31个省级公共图书馆相比较,位列第二名,次于上海图书馆,但远远高于其他省级公共图书馆。如表5-1[2]所示。

表5-1 各地区省级公共图书馆从业人员比较(单位:人)

单位	从业人数	专业技术人才	正高级职称	副高级职称	中级职称
上海图书馆	965	663	22	102	274
南京图书馆	525	442	18	77	166
首都图书馆	377	346	7	37	133
天津图书馆	345	283	10	52	138
浙江图书馆	320	261	13	41	127

二、学术研究能力比较

通过中国知网全文数据库查询2011年五个省级公共图书馆的学术论文发表情况,可以看出南京图书馆发表学术论文91篇,位列第一名,其次分别是浙江图书馆60篇、上海图书馆57篇、天津图书馆42篇、首都图书馆34篇。从2010年、2011年、2012年三年的学术论文发表数量看,南京图书馆分别为76篇、91篇、100篇,始终保持着强劲的上升趋势,稳居五大省级公共图书馆之首。如表5-2所示。

表5-2 学术研究能力比较(单位:篇)

单位	2010年	2011年	2012年	总计
南京图书馆	76	91	100	267

续表

单位	2010 年	2011 年	2012 年	总计
浙江图书馆	37	60	66	163
上海图书馆	59	57	66	182
天津图书馆	60	42	30	132
首都图书馆	38	34	29	101

通过与国内五家省级公共图书馆的比较,南京图书馆在从业人员的数量上次于上海图书馆,但是专业技术人才占从业人员的比例高于上海图书馆 15.4%(分别为 84.1% 和 68.7%),正、副高级职称占从业人员的比例高于上海图书馆 5.3%(分别为 18.1% 和 12.8%)。在专业技术人才占从业人员的比例上,排名第一的是天津图书馆,高于南京图书馆 7.7%(分别为 91.8% 和 84.1%),但其正、副高级职称占从业人员的比例又低于南京图书馆 6.4%(分别为 11.7% 和 18.1%)。不难看出,南京图书馆总体从业人员不如上海图书馆多,专业技术人才所占比例不如天津图书馆高,但是正、副高级职称所占比例全国第一名。这一点,也从五个省级公共图书馆的学术论文发表数量上得到验证,因为相对来说,具有正、副高级职称人员都具有较强的学术研究能力。

由此可知,南京图书馆馆员整体水平、学术研究能力在全国省级公共图书馆中是数一数二的,称是"国内一流"的人才队伍是名副其实的。

第四节 南京图书馆与国外省(州)级图书馆的比较

美国是世界上图书馆事业最为发达、法制建设最为完善的国家之一,共有35个州制定了《公共图书馆标准》,其中,体系最完整和详细的是《威斯康星公共图书馆标准》,成为其他各州借鉴的典范,当然也成为可资借鉴的国际经验[3]。通过研究发现,该标准在馆员队伍方面有六个特点。

一、有明确的职业分类

图书馆工作人员主要分两类:一类是专业图书馆员,一类是图书馆辅助人员。专业图书馆员主要担任图书馆馆长、副馆长、部门负责人和馆员。图书馆辅助人员主要从事具体的图书借还、上架等工作,在专业馆员的指导下兼做图书分类、电脑输入等工作。这两类人员因才适用,分工明确,各司其职,泾渭分明,一般不能逾越。这一点,南京图书馆已基本达到同等的标准。南京图书馆的保安、保洁等工种实现整体外包。在册从业人员主要分两类:一类是专业图书馆员,一类是后勤服务人员。不同的是,所有在册从业人员都能评聘图书馆专业技术职称,各工种间的调动没有严格的要求,可以根据工作需要随时调整。

二、有较高的从业门槛

专业图书馆员一定要有美国图书馆协会承认的图书馆与信息科学硕士学位，了解分类法，具有一定的教学能力、处理图书和管理信息的能力，同时还要有合作精神和较强的服务意识。担任馆长职位或者其他高级管理岗位除具有图书情报学专业硕士学位以外，还应具有第二硕士以外学位，体现了图书馆专业管理、专业服务的理念。对图书馆辅助人员的学历并没有具体规定，主要根据岗位的要求而定，但最基本的要求是高中毕业，也有大学本科毕业生担任图书馆辅助人员。对于一般岗位，没有工作经验的强制性要求；对于高级岗位如项目管理主任、部门主任、馆长，则要求有丰富的工作经验。以前，南京图书馆对进馆人员的学历要求不高。近几年，南京图书馆每年面向社会公开招聘工作人员，学历要求至少本科以上，每年都有 20 名左右的本科以上高学历人才入馆，其中不乏硕士、博士研究生学历者。相信今后南京图书馆从业人员的整体素质会越来越高。

三、有成熟的用人制度

公共图书馆的工作人员的职责、薪酬等级、岗位设置等均由图书馆委员会认可后确定，图书馆从公开招聘、契约管理、社会保险等都有一整套严格的人事制度。所有的工作人员都是聘用制，图书馆与个人之间是契约管理，各层次工作人员按职位说明书确定的职责，向社会公开招聘。经过本人申请、审阅学历和经历、面试、试用、考核、转正的程序,录用从业人员。馆长对馆员根据合同法的要求,按相应的职位薪酬签订合同,双方的权利义务关系受到法律的保护。工作人员是社会人身份,具有完善的社会保险,根据工作业绩能进能出、能上能下,馆长和馆员之间保持着平等、公平的关系。与美国不同,南京图书馆作为副厅级全民事业单位,在册工作人员的工资福利由省财政全额拨款,工作人员一旦录用则是"终身制",给管理带来了一定的难度。

四、有严格的管理考核

美国图书馆对图书馆专业技术人员的职称分为四级:一级是附属馆员、二级是助理馆员、三级是副研究员、四级是研究员。其评价和奖惩都有严格的管理考核制度和章法,年终考核内容主要是工作业绩、业务水平与社会效益三个方面。图书馆专业技术人员的资格评定及其任命不是终身的,一般是一年一次,评聘合一。馆员的续聘、解聘、晋升皆由"同僚评审委员会"负责评价。在一般情况下是逐级晋升的方式,但对成就突出者可以越级破格,同时也有被解除职务的,如果副研究员和研究员在任职期间没有科研成果,则会被解聘。专业技术人员本人也可向委员会提出辞职。这在某种程度上体现了美国图书馆专业技术职务评定的公开、公正、公平性[4]。与美国相同,南京图书馆也把职称分为四级进行评聘。不同的是,美国是一年一次,评聘合一;南京图书馆是职称终身制,一旦评聘,终身享受其工资福利待遇,更没有任职期间科研成果的强性要求。

五、有较强的敬业精神

美国图书馆采用民主管理制度,重视在职训练、继续教育和提薪晋升,重视提高图书馆员的社会地位和提高专业馆员的信心和热情。工作人员有良好的素质、丰富的科普知识、社会知识,能熟练掌握计算机和网络技术,了解各种出版物出版动态。更重要的是他们有着对社会负责、对读者负责的责任心。相比来讲,南京图书馆由于用人制度和管理考核等因素影响,普遍来讲,竞争不激烈,危机意识不强,有"吃大锅饭"的思想,从业人员的积极性和敬业精神与美国还有一定的差距。

六、有较高的社会地位和收入

美国图书馆员享有比较高的社会地位,也享有较高的荣誉和物质待遇。刚入职馆员薪水待遇与美国平均薪水基本一致,2011年美国公共图书馆平均年薪是49200美元,一般馆员为47900美元,具有图书情报学专业硕士学位的馆员的平均年薪是54600美元,图书馆管理岗位平均年薪为61900美元,有的如馆长、部门主任等年薪在10万美元以上。可以肯定的是,具有高学历、多学科背景及丰富的工作经验是获得高薪的必要条件,增长空间也比较大。单从年收入上相比,国内外相差甚远。2011年,南京图书馆人均年工资福利收入为57600人民币,根据同年银行间外汇市场人民币汇率中间价为1美元对人民币6.5997元计算,折合8728美元,与美国公共图书馆平均年薪49200美元相比,是南京图书馆的5.6倍。但是,按当年各国人均国民总收入计算,美国公共图书馆从业人员平均年薪是人均国民总收入的1.14倍,而南京图书馆是1.17倍。从这个侧面比较,南京图书馆还稍微高一点点。

第五节　几点启示

通过研究发现,单单从表象比较,美国图书馆员具有较高的学历要求、工作标准、社会地位和收入,以及严格的用人制度和管理考核,而从目前的情况看南京图书馆与之相比还有很大的差距。但是,应该认识到,美国毕竟是世界上最发达的国家之一,经历了建国200多年的建设与民主管理,其政治、经济、文化等多方面都是建立在资本主义自由的市场经济环境之上的,公益性文化事业的管理方式经过长期的调适之后,基本符合市场运作规则。而我国,目前还处在社会主义的初级阶段,正经历着计划经济向社会主义市场经济的转型过渡,属于典型的发展中国家。考虑到中美两国在历史文化、国体政治、经济实力等方面的差别,美国的经验只能结合中国的国情,去其糟粕,取其精华,作为榜样,吸取借鉴,只能参考而决不能全盘拿来,如果我们脱离国情,盲目地照抄照搬,无疑会适得其反,欲速则不达。图书馆管理的方式要与社会政治体制、经济形态相一致,要适合中国的国情,适合当代图书馆事业的发展。

一、牢固树立人才资源是第一资源的理念

《国家中长期人才发展规划纲要(2010—2020 年)》明确指出:人才是指具有一定的专业知识或专门技能,进行创造性劳动并对社会做出贡献的人,是人力资源中能力和素质较高的劳动者。按照该要求和国外省(州)级公共图书馆的人才队伍建设发展趋势,南京图书馆要进一步牢固树立人才资源是第一资源的理念,确立一流事业必须有一流人才的概念,进一步创新人才工作机制,积极营造勤学、修德、明辨、笃实的氛围,坚持用良好环境感召人才,用合理待遇激励人才,充分调动各类人才的积极性和创造性,促进优秀人才脱颖而出,推动图书馆事业的健康快速发展。

二、改革管理机制,激活工作热情

党的第十八届三中全会议审议通过的《中共中央关于全面深化改革若干重大问题的决定》对深化干部人事制度改革、建立集聚人才体制机制提出了目标和要求。南京图书馆要走在全国的前列,率先贯彻落实,建立科学的激励机制,把精神激励和物质激励有机结合起来,如目标激励、竞争与评比激励、领导行为激励、关怀激励及榜样激励等。上海图书馆较早在读者服务部门推行参考馆员制度,2014 年又在采编部门推行采访馆员、编目馆员制度,设定任职资格,明确福利待遇,注重能力和实绩,实行公开竞聘,打破职称、学历的条框限制,激发了干事创业的工作热情,使各种有专业背景、有创新意识和工作业绩的年轻人

脱颖而出,为图书馆事业发展提供了新的活力,值得学习。

三、培养造就高层次、职业化领军人物

要积极认真贯彻落实文化名家工程、海外高层次人才引进计划、专业技术人才知识更新工程、国家高技能人才振兴计划,着眼于培养造就一批造诣高深、成就突出、影响广泛的杰出人才,每年重点扶持、资助一批馆员承担重大课题或重点项目,开展创作研究、出版专著等活动。实施"四个一批"人才培养工程,加强高层次人才队伍建设。培养国际组织的委员,参与国际会议决策,在 IFLA、OCLC 等国际影响的组织内要有发言权,努力在 5—10 年内培养造就出像老馆长汪长炳等一样在业界有影响的领军人物。

四、注重学术成果和人才培养相互促进

要加强与高校的交流与合作,一方面通过开办图书馆与信息管理专业研究生班等把现职人员送出去培训,另一方面把相关专业优秀毕业生吸引到图书馆来工作,壮大专业馆员队伍。要设立学术基金和课题研究规划,定期推出在国内外有影响的学术成果。要尽快提升为 OCLC 成员馆。

五、加快立法进程,明确从业标准

借鉴美国图书馆的经验,建立职业资格认证制度和岗位聘任制度,细化图书馆岗位设置及相应的任职基本条件及岗位职责,对图书馆专业人员与辅助人员进行区分,确保图书馆

馆员队伍的专业性。开展公开竞聘,严格绩效考核,使合适的人才流动到合适的岗位上,让其能力和积极性最大化地奉献给图书馆事业。

第六节　本章结语

通过比较发现,南京图书馆无论是在馆员队伍素质还是学术研究能力方面,都走在了全国前列,但与国外发达图书馆相比还有一定的差距。毋庸置疑,人才是第一资源,人才强,则事业强。我们高兴地看到,南京图书馆正在积极努力,追赶差距,踏着坚实的步伐向"国内一流、国际先进"图书馆的奋斗目标迈进。

参考文献

[1]南京图书馆[EB/OL]. http://www. jslib. org. cn.

[2]中国图书馆学会,国家图书馆. 中国图书馆年鉴 2012[M]. 北京:国家图书馆出版社,2013.

[3]刘璇. 美国公共图书馆标准概况及启示——以《威斯康星公共图书馆标准》为例[J]. 图书馆建设,2009(7):62 – 66.

[4]孟祥保. 美国图书馆职业需求特征及启示[J]. 新世纪图书馆,2013(6):86 – 88.

第六章　省级公共图书馆信息资源建设的新走向——知识服务

　　数字技术和网络技术的发展和运用,改变了图书馆信息资源的供给、需求和环境。伴随着用户对图书馆信息资源需求的变化,传统图书馆和数字图书馆有机结合、虚实互补的复合图书馆将逐渐成为我国省级公共图书馆服务与管理的新常态。知识在社会经济发展中的重要作用与日俱增,为省级公共图书馆走向知识服务带来了机遇和挑战。南京图书馆作为江苏省级公共图书馆,经过百年积淀和发展,在"十一五"期间提出的努力打造"国际先进、国内一流"现代化图书馆的奋斗目标,曾受到文化部督导组专家的充分肯定。2013 年,南京图书馆开始筹建课题组,计划围绕此目标,从办馆理念、读者服务、人才队伍、硬件设施、文献资源建设等方面,针对"十二五"期末至"十三五"开始之初,省级公共图书馆应选择的路径和采取的措施开展研究。2014 年,江苏省图书馆学会将此课题列为重点研究课题。作为子课题,本书将对我国省级公共图书馆信息资源建设现状加以分析和研究,以期探索走向知识服务的省级公共图书馆资源建设应选择的路径和有效策略,为早日实现南京图书馆"国际先进,国内一流"的奋斗目标做出贡献。

第一节　省级公共图书馆走向知识服务的内涵

　　知识服务是以知识为主导要素的经济社会中的一种新型服务体系。图书馆知识服务是指图书馆以用户信息需求为导向,利用现代信息技术设备和各种资源(信息、人力等),为用户提供知识产品或解决方案,满足用户知识的创新和增值的服务。图书馆知识服务是以用户满意为目标的服务,是围绕知识增值和创新的服务,是基于专业化和个性化的服务,是以资源建设为基础的服务,是图书馆信息服务的深化与发展。

　　省级公共图书馆走向知识服务既是知识经济发展的客观要求,也是现代信息环境变化的必然结果。第一,现代知识经济的发展对省级公共图书馆服务提出了新要求。传统的信息服务无法简捷而系统地通过知识,有针对性地解决用户的问题,更无法挖掘各类隐性知识,实现信息资源彻底的开发与利用,满足知识经济时代用户的信息需求,而知识服务把产品和服务的价值及其竞争力体现在信息和知识含量上,而不是占用的简单劳动时间或所消耗的资源数量,是信息服务的深化与发展,因此,省级公共图书馆必须提高核心能力,由信息服务走向知识服务。第二,现代信息环境的变化使产品和服务的信息化、知识化成为市场竞争和生存的主要手段。数字网络的普及使信息的检索、传递和获取变得简单和方便,而以出版商、发行商、检索服务和网络化信息服务商为主导的虚拟信息系统,正将包括文献收藏、检索、传递在内的全面信息服务直接提供给终端用户。省级公共图书馆在用户信息活动和社会学术信息交流体系中传统的主导地位被削弱,甚至丧失掉一部分用户和市场,许多传统业务也出现边缘化趋势,因此,省级公共图书馆必须顺应信息环境变化,抛弃传统的工作理念和方法,由信息服务走向知识服务[1]。

第二节　省级公共图书馆走向知识服务的信息资源优势

文献信息资源是图书馆履行社会职能的重要资源。作为文献信息资源和数字资源的收藏与生产、交流与服务、协作协调与业务研究中心的省级公共图书馆,在信息资源内容、载体、来源、用途等方面发生深刻变化的背景下,变过去以纸质资源一统天下的局面,为实体资源与虚拟资源共同存在、相辅相成的局面,使信息资源的存储、获取和传递能更好地满足知识经济时代用户的信息需求,为省级公共图书馆走向知识服务带来了优势[2]。

一、虚实结合的信息资源主体

省级公共图书馆的现实基础,决定了它的信息资源组成具有传统印刷型资源与现代数字型资源共同存在、相辅相成、虚实结合的优势:即电子信息资源与印刷信息资源并存、数字信息资源与传统文献信息资源并存,虚拟信息资源与实体信息资源并存。虚实结合的信息资源主体,为省级公共图书馆走向知识服务带来了优势。

二、类型多样的信息资源载体

省级公共图书馆信息资源类型不仅有图书、期刊和参考工具书等印刷型文献,还有光盘、磁盘等缩微胶片型文献,以及视听型、机读型、网络型(如:网页、MOOC)等文献。类型多样的信息资源载体,为省级公共图书馆走向知识服务带来了优势。

三、空间开放的信息资源存储

省级公共图书馆信息资源不仅存储在馆内购买和收藏的书刊、磁带、磁盘等传统的信息载体上,还突破了传统的馆内存储空间局限,以网络为存储载体,向馆外开放空间拓展,将文本、声音、图像等多媒体信息以数据库和网页等数字化的形式存储在网络载体上。空间开放的信息资源存储,为省级公共图书馆走向知识服务带来了优势。

四、灵活自由的信息资源获取

省级公共图书馆信息资源可以供用户随时随地、自由灵活地通过网页下载、查询和利用,用户获取信息资源不受省级公共图书馆开馆时间、服务方式、地域空间等条件的限制。灵活自由地获取信息资源,为省级公共图书馆走向知识服务带来了优势。

五、共建共享的信息资源传播

省级公共图书馆信息资源通过跨界的图书馆间合作和集成

发展,形成共建、共知、共享的局面,不仅可以为到馆用户提供咨询和服务,也能通过网络传播给远程用户。共建共享的信息资源传播,为省级公共图书馆走向知识服务带来了优势[3]。

第三节　省级公共图书馆走向知识服务的信息资源建设现状

省级公共图书馆是各省文献信息收藏和服务中心、省文化信息资源共享工程分中心、省古籍保护中心、全国图书馆联合编目省分中心。在走向知识服务的过程中,虽然存在各种各样的问题,但作为公共文化服务体系的重要组成部分,它仍然是知识服务的重要阵地,以其丰富的文化资源,既为社会公众提供知识服务,也为学术研究提供支持。

一、印刷型文献占主体,数字资源比例低

印刷型文献是以纸张为存贮介质,以印刷为记录手段生产出来的文献。具有流传广泛、使用方便、可直接阅读的优点和容易破损、存贮密度低、占据空间多、加工利用难以实现自动化的缺点。印刷型文献既是文献的传统形式,也是现有文献的主要形式。印刷型文献是省级公共图书馆馆藏信息资源的主体,主要包括图书、小册子、期刊、报纸、地图、图片等。如古籍珍藏丰富,地方文献齐全的浙江省图书馆,2010 年拥有522 万册藏书中有 421 万册为印刷型文献。藏书量位居我国

第三的南京图书馆,2011年藏书已达912万册,但印刷型文献占信息资源总量的85%左右,而数字信息资源仅占信息资源总量的15%左右[4]。(见图6-1)

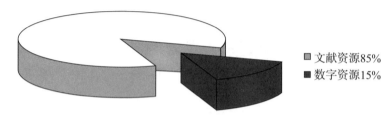

图6-1　数字资源和文献资源比例

二、藏量众多的古籍,亟待抢救和保护

我国省级公共图书馆大多历史悠久,古籍典藏丰富。南京图书馆、广东省立中山图书馆、浙江图书馆等省级公共馆,通过各种途径,逐步积累,收集的珍贵历史文化典籍超过30万册(见图6-2),在海内外闻名遐迩。南京图书馆藏书总量仅次于中国国家图书馆和上海图书馆,是中国第三大图书馆、亚洲第四大图书馆。珍藏的160万册古籍中,包括善本14万册、民国文献70万册。馆藏中不乏唐代写本、辽代写经、宋、元、明、清历代写印珍本,已有454种入选国家珍贵古籍名录。近年来,南图与专业数字化公司合作,对馆藏的5600多种珍贵典籍进行数字化加工,使深度开发后的古籍数字资源不仅保持原有的文化特征与内涵,而且实现从古籍影像的数字再现到古籍内容的分析、聚类,从单一古籍内容的处理到海量文献的信息重组,从简单的文本转换到知识挖掘,从而有效解决了古籍保护和利用的矛盾,进

一步帮助研究者进行古籍文献资源的知识构建,提升该馆古籍数字化服务能力。浙江省图书馆古籍珍藏丰富,地方文献齐全。有举世闻名的文澜阁《四库全书》,敦煌经卷、唐宋元明清时期的刻本、抄本、稿本、名家批校题跋本及日本、朝鲜、越南等外国刻本。湖南图书馆馆藏中不少是稀世的善本、谱、牒、字画、手札等,尤以丰富的地方文献著称。但由于古籍书库不达标、专业人才缺乏等原因,不少省级公共图书馆所藏古籍亟待抢救和保护。例如曾有媒体报道:某省馆成堆的古籍凌乱地摆放着,部分古籍,只要吹口气,纸屑就哗哗往下掉,几十万册古籍超半数损坏,亟待抢救和保护。

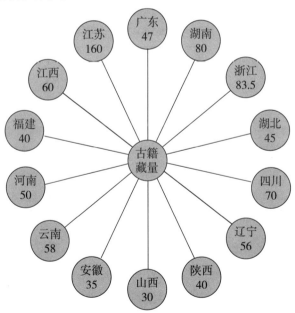

图6-2 我国省级图书公共馆古籍藏书量(单位:万册)

三、藏书量逐年增长,储存空间日益紧张

我国省级公共图书馆总体馆藏已形成涵盖社会科学和自然科学各个领域的资源体系,据中国图书馆年鉴统计,2010—2013 年,我国省级公共图书馆藏书量呈现逐年增长态势。(见表 6 - 1)近年来,由于商业数据库和电子书数量的快速增长,以及省级公共馆加快了对古籍和民国文献数字化工作的进程,形成省级公共馆物理馆藏空间和虚拟馆藏空间日益紧张的局面,无限增长的信息资源和无法增长的储存空间之间的矛盾,亟待解决。

表 6 - 1 我国省级公共图书馆 2010—2013 年藏书总量表(单位:万册)

省馆名称	2010 年	2011 年	2012 年	2013 年
南京图书馆	891	912	1047	1092
广东省立中山图书馆	710	747	856	896
湖南图书馆	355	367	699	718
山东省图书馆	634	654	680	709
浙江图书馆	522	546	601	703
湖北省图书馆	496	509	583	595
四川省图书馆	486	494	564	597
辽宁省图书馆	466	506	523	605
吉林省图书馆	344	359	500	522
贵州省图书馆	158	162	455	458
甘肃省图书馆	319	348	389	399

续表

省馆名称	2010 年	2011 年	2012 年	2013 年
黑龙江省图书馆	293	306	388	399
陕西省图书馆	335	349	382	474
山西省图书馆	265	273	330	341
安徽省图书馆	298	316	329	353
云南省图书馆	274	283	318	332
河南省图书馆	301	311	317	324
福建省图书馆	272	298	316	452
江西省图书馆	269	282	288	306
海南省图书馆	120	134	203	484
河北省图书馆	177	183	194	251
青海省图书馆	161	162	163	164

四、数字服务能力强,资源长期存取能力弱

省级公共图书馆是全省文献信息资源中心,不仅担负着为全省经济建设、社会发展、公众需求服务的职责,也为用户适应知识社会生存而提供学习新知识的条件和各种实践环境。如湖北省图书馆是全国首批云数字图书馆,建有先进的云平台和功能,强大的门户网站以及万兆局域网,千兆到桌面,双千兆接入互联网,无线网络覆盖到所有服务区,借助丰富的数字资源向用户提供网上借阅、虚拟参考咨询、文献传递等服务,专用存储设备总容量达 700TB。广东省立中山图书馆拥有国内最大的图书馆数字化资源库群,建立 80 多个事实

型、文献型的数据库,存储容量达8000GB,对馆藏海外中文报刊信息源进行有重点的深层次开发,开创省级公共图书馆利用海外华文文献,为党政军高层决策机关提供智囊性服务的先河。我国省级公共图书馆虽然拥有较强的数字图书馆服务能力,但对抵御数字资源人为的或自然的丢失、损毁、不可阅读及长期保存等问题,还没有找到完美的解决方案,信息资源的长期存取能力较弱。

五、自建数据库众多,地方文献数据库尚待开发

搜集、加工、存储、研究、利用和传播网络信息资源是省级公共图书馆信息资源建设的重要职责。我国省级公共图书馆自建了众多的数据库,但地方文献数据库尚待开发。如贵州省图书馆自建有"中外文图书""中外文连续出版物""民国文献"和"全省古籍联合目录"等10多个馆藏数据库,外购全文数据库17个,数据总量达80TB。福建省图书馆先后建立"福建省公共图书馆族谱联合目录""WTO专题""国企改革专题""闽版图书""闽台资料"等近10个特色数据库。在我国省级公共图书馆中,湖南省馆是较早收集整理网站上有关湖南省的政治、经济、文化、历史等方面信息资源,并建立《湖南地方文献数据库》(网络资源版)的图书馆,为读者研究和探索湖南的历史和未来提供翔实的信息,对湖南的经济建设和发展起着举足轻重的作用。目前,省级公共图书馆通过收集、整理互联网信息资源建立地方特色数据库的工作还处于起步阶段,地方文献数据库尚待进一步开发。近年来,南京图书馆

在省级共享工程地方特色资源建设工作上取得了较为显著的进展。2014 年,由南京图书馆牵头的江苏省 12 000 余处文物点"不可移动文物多媒体资源数据库"一期(宁镇扬)项目已进入全面建设阶段,二期(苏锡常)项目也已顺利立项。为文化共享工程特色资源建设项目"专题博物馆"而制作的《江苏特色博物馆》视频专题片也已完成 20 集(共 27 集)的拍摄和剪辑。

六、三网融合背景下,用户参与平台尚欠缺

随着科学技术的不断进步,电信网、电视网和互联网的三网融合,不仅为信息资源嵌入日常生活带来一个较为便利的信息交流环境,也为省级公共图书馆数字资源的建设与完善提供良好的机遇。我国的山西省图书馆通过 1000 兆国家政务外网、100 兆中国联通光纤、100 兆中国电信光纤和卫星系统等多条路径接入国际互联网,连接基层图书馆室。读者虽然可以方便快捷地登录山西省图书馆网、三晋文化信息网、山西省图书馆少儿网,阅读查询多媒体资源,但由于缺乏供学科馆员与广大用户的适时互动的交流平台,用户还无法获得更加全面、便捷、快速、精准、及时和贴心周到的体验,更不能参与到省级公共图书馆的信息资源建设中,共建共享信息资源[5]。

第四节　省级公共图书馆走向知识服务的信息资源建设路径

省级公共图书馆是国家举办的省级综合性图书馆,它不仅是信息资源收集、处理、传播和创新的枢纽,也是社会公众实现文化、教育、娱乐功能的集合体。在信息资源建设中,省级公共图书馆要立足当前、着眼长远,围绕知识服务,探索信息资源建设的新路子、新走向,建立多形态、多载体、多种类的信息资源体系,推进知识的增值和创新,实现信息资源建设的可持续发展。

一、按照资源建设规律,构建科学馆藏体系

省级公共图书馆是各省资源整体建设、统筹配置、合理布局的核心,是向社会公众提供书刊借阅和知识咨询的学术性机构。省级公共图书馆的现实基础决定了它的资源体系是印刷型文献资源和数字化资源的相辅相成,虚实结合。印刷型文献资源和数字化资源虽然各具特点和优势,但它们都是省级公共图书馆开展信息服务的重要基础,更是省级公共图书馆走向知识服务不可或缺的重要内容。省级公共图书馆要高瞻远瞩,以知识服务为方向,按照信息资源建设规律,确定信息资源发展计划。在尊重国家资金投入和充分了解用户信息需求的基础上,坚持"中文求全,多品种,少复本。外文求精,

不购复本"的印刷型文献资源的采选原则,优化实体信息资源和虚拟信息资源的采集结构,构建印刷型资源占75%、数字化信息资源占20%、网络信息资源占5%的多形态、多载体、多种类的科学馆藏体系,提高信息资源的利用率,实现服务方式的转变,从信息服务走向知识服务。

二、制定文献呈缴制度,抢救保护文化遗产

呈缴制度是指一个国家或地区为完整收集和保存本国或本地区的各类型出版物,并向公众提供公益性信息和知识服务,通过立法要求出版机构向法律指定的图书馆无偿缴存若干份数最新出版物的法律制度。进入21世纪以来,随着数字出版的兴起和互联网信息的快速增长,出版物的类型和载体愈来愈丰富,传统的出版物呈缴制度也正面临着诸多挑战。一些国家的立法者认为,呈缴制度不仅事关国家文化遗产的保护和传承,而且关乎国家的文化"软实力"和国际竞争力。作为信息资源收集、整理、存储、传播、研究和服务的省级公共图书馆,不仅要通过预订、购买、交换、接受捐赠等方式采集馆藏信息资源,更有责任和义务制定文化遗产呈缴制度,保护人类历史文化遗产,特别是那些稀有的、濒危的古籍善本、宋元刻本和明刻本等中华民族文化的瑰宝[6]。例如:南京图书馆已初步建立呈缴本制度,并在典藏书库中开辟专门架位存放呈缴本,为建立相对完整且有一定规模的呈缴本阅览室,做好了准备。去年,南图还通过参加竞拍,正式入藏版本价值、学术价值和文物价值极高的北宋刻本《礼部韵略》。今年,南图

将启动对馆藏多媒体资源抢救性数字化加工和回溯标引建库项目,筹建江苏古籍全文数据库工作也将全面展开,并将在"十三五"期间持续推进。

三、建立省级储存书库,有效保护馆藏资源

新媒体阅读、全媒体阅读、移动阅读虽然改变了人们的阅读习惯,但人们对印刷型文献的阅读需要并无减少,传统文献信息资源仍然是图书馆信息资源建设的主体。省级公共图书馆在藏书增长达到一定规模和水平时,应处于稳定状态才比较合理。据《图书馆政策研究参考》记载,美国国会图书馆、大英图书馆、澳大利亚国家图书馆及挪威国家图书馆,为了拓展未来发展空间,更好地保存和保护馆藏资源,早在20世纪都修建了图书文献战略储备库。澳大利亚国家图书馆储备库中还设置了单独的区域,用于存放较易损坏的资源,以便对这些资源进行保护和利用。国外大型图书馆的做法,为我国首都师范大学提存书库、清华大学过程书库、中科院成都文献中心储备书库的建立起到了很好的借鉴作用。作为各省文献信息资源保障与服务中心的省级公共馆,应当借鉴国内外的先进经验,建立省级联合储存书库,收藏全省各级公共图书馆筛选出的具有收藏价值和利用率较低的文献资源,在用户需要时,通过预约,提取给用户使用。省级联合存储书库的建立,既可以解决涨库的问题,又可以发挥文献保障中心作用,还可以成为全国文献保障体系的重要组成部分。

四、加入异地数字联盟，确保资源存储利用

省级公共图书馆所藏数字的资源包括文字、数据库、图像、声音、图表、软件和网页等。作为全省公共图书馆系统网络管理中心与业务协作协调中心的省级公共图书馆，虽然对自建的数字资源，采用 PDF 格式，以数据库和网页保存；对采购的数据库，购买了永久使用权和必要的数据及技术参数并以本地镜像保存，但由于各种各样的原因，这些资源常常会遭遇到人为的或自然的丢失、损毁和不可阅读。异地保存联盟是图书馆高效存储和利用日益增多的信息资源，保护国家和民族文化遗产免受战争、地震、火灾等破坏的必然选择。早在20 世纪 80 年代末，挪威国家图书馆就把馆藏资源的异地存储和备灾提上日程。异地保存联盟采取全自动存储、检索系统，通过文献传递方式，供读者使用。省级公共图书馆加入数字资源异地联盟，可以防地震、洪水、火灾、冰雪等突发灾害带来的数据损毁和消失，保证馆藏数字资源能够长期、稳定、方便和有效地被广大用户所利用[7]。

五、开发地方文献数据库，激发用户学习热情

省级公共图书馆是各省重要的公共文化服务设施，也是地域文化的象征，所在地大多历史悠久、文化底蕴深厚。丰富的地方文献资源记录和反映了当地文化、经济、宗教、风俗等方面发展的历史轨迹，对人们研究和了解当地历史、人文等相关信息具有独特的价值和意义。公共图书馆开发建立数字资

源,特色化是必然趋势,没有特色就没有生命力。省级公共图书馆通过对馆藏地方文献资源的鉴别、整理和编辑,以文字、图片、视频等形式,开发建立出实用性和趣味性相结合的地方文献数据库,不仅能以准确的来源和快捷的速度满足最需要的用户,激发用户研究的热情,引领数字学习的潮流,也是省级公共图书馆走向知识服务的体现。如河南省图书馆开发的"河南地方戏曲资源数据库""中州揽胜数据库""新农村致富之路数据库""河南省非物质文化遗产数据库"等,以视频为主,辅以文字和图片,为社会公众了解历史、获取知识和文化休闲提供了极大便利[8]。作为全国文化信息资源共享工程江苏省分中心的南京图书馆,致力于对江苏省优秀文化资源的挖掘、整理、开发和利用,以传播宣扬江苏的先进文化为己任,采用现代信息技术手段对江苏省的优秀文化信息资源进行数字化加工与整合。目前,已初步建成包括"人物数据库""作品数据库""旅游数据库""文化民俗数据库"等 12 个江苏特色文化信息资源数据库,为读者欣赏、了解、学习、研究提供了有益的支持。作为 OCLC 成员馆,南图目前正在积极试验 OCLC WorldCat 上传馆藏中文 MARC 记录,相信通过各种渠道,会有更多的体现江苏地域特色的馆藏文献被越来越多的国内外读者所知晓和利用。

六、开通三网互动平台,鼓励读者参与建设

电信网、有线电视网和计算机通信网的相互渗透、互相兼容、逐步整合,改变了省级公共图书馆信息资源的传播、保存、

管理、使用的方式和手段,为省级公共图书馆走向知识服务提供了更加广泛的传播平台和途径,为读者参与省级公共馆信息资源建设提供了契机。让用户共建共享信息资源,是三网融合契机下图书馆信息资源建设的一个重要途径,依托互联网,构建智能化的知识服务平台,开放用户共享专区,用户不仅可以通过任何终端随时随地利用省级公共馆提供的信息资源和服务,还可以充分调动用户的积极性,将自己手中掌握的分散的、零散的信息资源,通过手机、电视、网络等多种途径贡献给图书馆,使用户参与到图书馆资源建设中来,实现学科馆员与广大用户共建共享省级公共图书馆信息资源的新局面。如"博客""微博""微信""播客"等多种平台,既是省级公共图书馆了解用户知识服务需求倾向,走向知识服务的窗口,也是省级公共图书馆传播文化、集散信息、交流知识的重要渠道[9]。

七、加强跨界信息融合,推进三大系统共享

省级公共图书馆在社会影响、服务基层、特色收藏等方面具有强大的优势,而人才、资金、设施等方面却是高等学校图书馆和科研院所图书馆的强项。走向知识服务的省级公共图书馆应重视馆藏信息资源的"拥有"和外部信息资源的"存取",以机构(知识)库建设为突破口,既建立与公共图书馆间的纵向联合,也加强与高校和科研系统图书馆之间的横向优势互补,搭建统一标准规范的数字网络服务平台,在文献传递、联合参考咨询及数据库建设等方面建立基于开放知识、开

放获取、开放创新的三大系统跨库检索和互联互通的知识服务新模式,形成信息资源共建、共知、共享局面,提升信息保障能力和知识服务水平。南京图书馆重视引领全省公共电子阅览室的建设工程,在国内较早采用云服务模式的管理软件系统,并在文化部、国家图书馆等部门的指导下,向全省基层电子阅览室实施推广。南图已于 2014 年启动江苏少儿数字图书馆公共服务平台建设,将通过与省内各级各类少儿图书馆的共建共享方式,为全省少年儿童提供一个集知识性、趣味性为一体,满足各个年龄段未成年人获取知识、快乐阅读需要的网络平台。总之,推进馆藏资源社会化,社会资源馆藏化以及全方位的信息资源共知共建共享,是实现"国内一流,国际领先"图书馆目标不可或缺的时代诉求[10]。

第五节　本章结语

知识服务是网络环境下图书馆工作的新要求,省级公共图书馆要善于抓住机遇,积极面对挑战,利用资源优势,开展知识服务,增强核心竞争力。作为江苏省文化版图新坐标的南京图书馆,秉承深厚的文化底蕴,坚持科学发展观,建立具有服务理念先进、服务方式现代、文献资源丰富、设施优良齐全的"国内一流、国际领先"的图书馆,是其不懈的追求和发展目标。

参考文献

[1] 刘雪飞.图书馆知识服务模式及发展趋势分析[J].图书馆理论与实践,2012(10).

[2] 苏杰.复合图书馆的文献资源建设研究[J].图书馆学刊,2010(9).

[3] 孙丽媛.多元出版模式下的图书馆馆藏资源建设探讨[J].图书馆研究,2014(5).

[4] 全勤.省级公共图书馆信息资源建设现状及发展对策[J].新世纪图书馆,2013(1).

[5] 李征.三网融合与图书馆信息资源建设和服务的对策研究[J].数字图书馆,2012(10).

[6] 游毅.美国记忆与我国历史文化资源建设的比较[J].情报资料工作,2008(5).

[7] 李金莲.数字资源长期保存的几个方面[J].图书馆研究与工作,2011(4).

[8] 王琪.地方文献专题数据库建设及应用模式[J].科技情报开发与经济,2010(15).

[9] 苏明忠.图书馆移动资源建设及服务探析[J].图书馆学研究2013(15).

[10] 黄洁晶.我国公共图书馆信息资源共享现状研究[J].图书与情报,2012(4).

第七章 省级公共图书馆数字化发展策略
——以南京图书馆为例

近年来,随着社会主义公益文化服务建设的不断发展,公共数字文化服务事业的不断深化,图书馆作为公益文化服务的主体,承担着越来越重要的作用,传统服务不断拓展和数字图书馆建设的快速发展,使得图书馆数字化在整个发展战略中起着越来越重要的作用,信息技术能促进公共图书馆各项工作的落实,推动公共数字文化服务的建设和发展,提高图书馆科学管理水平和公众服务质量。南京图书馆作为省级公共图书馆,在当前公共文化服务体系建设、文化大繁荣大发展的形势下,其数字图书馆的建设目标必然是建设江苏数字图书馆省级中心,从而推动以"两网三库多平台"为内容的江苏数字图书馆体系建设。

第一节 南京图书馆数字化发展状况

一、数字化基础网络设施奠定了图书馆发展的基础

南京图书馆在 2007 年新馆建设时期,投资约 4000 万建设成当时在国内处领先地位的数字化中心。它包括以 2 台万

兆核心交换机为中心,73 台楼层交换机为支撑的内部南图局域网;3 台小型机在内的 60 台服务器;总容量为 120T 的富士通存储 2 台以及 20 多个业务应用系统。经过 7 年的发展,南图的数字化应用系统已发展到 100 多个业务应用系统,南图的持证读者已由 2007 年的 3 万人发展到 2012 年年底的 55 万读者,设备建设方面仅增加 4 台服务器。几年来数字化系统和网络的稳定运行,为南图各项读者服务工作及管理工作的正常运转提供了重要保障。

二、数字资源、平台的建设支撑了图书馆的发展

南京图书馆于 2007 年投入资金 3000 余万元,已建成一个能够服务于本馆读者的先进的数字图书馆系统。信息技术应用部拥有 28 名从事数字图书馆、图书馆自动化、计算机软件开发和计算机网络维护的专业技术人员。其中博士 1 人、硕士 3 人,在国内图书馆行业处于领先地位。南京图书馆是国内最早研究和应用图书馆自动化系统的图书馆之一,2003 年由其自主研制开发的"力博图书馆管理"软件系统已在国内 300 多家图书馆得到应用。

此外,南京图书馆承担的江苏省科技计划项目"基于手机移动通信网络的图书馆公共服务系统的开发与应用",为江苏数字图书馆在新客户终端方面的应用服务打下一个良好的基础。到目前为止,已加工生产近 50 部文献、20 多万幅图片、600 多部视频数字产品。这些为江苏数字图书馆中的自建数字资源建设打下了坚实的基础。

三、"三大工程"加快了图书馆发展的步伐

2011年,文化部、财政部共同推出"数字图书馆推广工程"。这是继全国文化信息资源共享工程、公共电子阅览室建设计划后,启动的又一个重要的数字文化建设工程。三大工程的稳步推进,是繁荣发展社会主义先进文化、提高全民族素质、提升国家文化软实力的需要;是维护文化安全、积极抢占网络文化阵地、把握信息技术环境下文化发展主导权的需要;是加快公共文化服务体系建设、提高公共文化服务能力、推动覆盖城乡的公共文化服务体系建设的需要。

第二节　南京图书馆数字化发展存在的问题

一、设施老化、平台落后制约了数字图书馆发展

2007年,新馆建设的数字图书馆的硬软件系统在当时还处于国内先进水平,但数字资源开放性和服务能力相当滞后。2013年,虽然数字资源的建设水平在不断提高,但随着技术的发展和需求的变化,出现硬件设施和软件平台老化和落后、网络状况和存储空间难以承载猛增的数字资源以及读者对快速获取各类资源的服务要求。与此同时,国内许多省级图书馆的新馆蓬勃而起,其数字图书馆的建设水平也占有后发优势。由此可见,南京图书馆数字图书馆建设水平与先进的图书馆相比已有差距,已不能适应省级图书馆数字图书馆建设新的

发展要求。另外,南图作为省级中心馆,对信息依赖程度极高。全年 365 天对读者开放的阵地服务及江苏数字图书馆工程都需要数字化专项资金做保障。但南图目前没有专门的数字化运维保障资金和建设发展资金。

二、资源的服务性、共享性不够,未真正做到"以用户为中心"

目前,从发展来看,资源的服务性、共享性不够主要体现在以下几个方面:第一,信息资源建设重复,自建资源特色不足。我馆主要是将馆内现有资源进行数字化而建成自己的特色数据库,因此只是偏重于当地历史一块,反映地方经济、政治、参考决策等内容的数据库偏少。第二,没有对用户类型进行细分,而是将广大用户一视同仁,提供相同的服务,对弱势群体的援助程度不够。而众所周知,不同的人群是有不同的需要,特别是对弱势群体,如少儿、老人以及残疾人等,图书馆有必要划分相关的模块,方便用户的使用。第三,移动数字阅读还在试验阶段,使用受到限制,未能真正达到无障碍使用图书馆的目的。第四,合作化参考咨询的比例较低,基本上形成闭关自守的局面,而公共和科研系统图书馆对于馆际互借服务提供的也较少,在很大程度上造成资源的缺乏或重复建设。因此,国内数字图书馆应当达成共建共享,将图书馆的资源充分利用起来。

三、OPAC 功能不完善

目前,我馆使用的 OPAC 功能比较单一,对结果进行排序的选项也比较少,主要是相关度、题名、著者和日期,而国外还会按照媒介、流行度等进行排序。同时,国内多数图书馆还没有将馆藏书目以及各类数字资源进行一站式检索,为用户快速地查找相关资料带来一定难度。主要体现:一是缺乏智能检索机制。对检索词没有使用自动完成、拼写建议等查询建议技术,与搜索引擎相比,用户不能节省时间,也不能发现相关知识。并且能够提供模糊智能检索的图书馆更是寥寥无几,对于相关检索、相关借阅的提及都很少,扩展检索能力不强,缺乏对检索结果的修饰功能。二是 OPAC 系统在与读者互动交流方面还是比较欠缺的。目前未能提供对图书发表评论、附注或编写标签等功能。

第三节　南京图书馆数字图书馆发展建议

南京图书馆数字图书馆要以现代信息技术为支撑、以国家三大公共数字文化工程建设要求为指导、以建设国内先进的数字图书馆省级中心平台为核心内容、以满足全省广大人民群众公共数字文化需要为最终目标,努力建成全省公共数字文化服务中心和数字资源建设中心。

一、明确指导思想坚持原则,做好全省层面的统筹规划和顶层设计

紧密配合江苏文化发展战略,围绕公共数字文化服务体系建设目标,以南京图书馆发展规划为依据,以完善核心业务

系统为方向,稳步实效地推进图书馆数字化建设。充分利用信息技术促进图书馆管理,提高图书馆现代化管理水平和竞争力,全面提高南图公共服务能力。同时要遵循以下四个大原则:①科学规划原则。数字化建设本身又是一个庞大复杂的系统工程,建设周期较长,各个阶段各个项目方案的制订和具体实施必须充分考虑其整体适应性和是否便于长远发展,以免对系统整体建设和长远发展带来不利影响和对图书馆造成不必要的经济损失。②分步实施原则。数字化建设是一项长期艰巨的任务,很多内容不可能一步到位,所以必须坚持分步实施的原则,同时必须跟随图书馆建设发展的步伐,确定图书馆数字化建设发展的顺序,抓住突出各段时间内系统建设的重点,促使图书馆数字化建设有序地、高质量高水平地向前发展。③标准化先行原则。标准是在经济、技术、科学及管理等社会实践中,对重复性事物和概念通过制定、实施标准,达到统一,以获得最佳秩序和社会效益的过程。标准在数字化建设中发挥的作用是十分重要的。有效地运用标准化手段,数字化建设投入的资源就会得到充分的利用,建设步伐才能得到加快。④安全优先原则。图书馆是公众获取精神文化需求的重要场所,图书馆数字化系统需全年365天、每天24小时连续不间断地运行,一旦系统发生故障就会造成整个读者服务工作的中断甚至瘫痪,给图书馆的声誉造成不良影响。因此,图书馆数字化系统的建设必须切实保证和落实系统的各项安全保护措施,确保系统运行中的安全与稳定。

数字图书馆建设是一项跨地区、跨行业、跨部门的系统工程,必须在全省层面加强统筹规划和顶层设计,开展全局性的数字图书馆建设规划与协调,进行有效的分工合作和联合开发,加快形成覆盖全省的数字图书馆服务体系。

一是要加强图书馆内部的业务融合与战略管理。数字图书馆的建设不能仅仅满足于自身的发展,而是要从图书馆事业的全局来考虑如何转型发展,在加快数字图书馆建设的同时要充分考虑如何与传统图书馆进行统筹与整合,借鉴传统图书馆已有的优秀资源和经验,深度开展业务的融合,创新业务链、服务链、人才队伍和管理模式,使图书馆的整体服务水平与经济和社会的发展相适应,相互促进,共同发展,推动数字图书馆事业的可持续发展。

二是要加强全省层面的统筹管理和协调发展。建立从国家到省级、从省到市级再到基层的数字图书馆统筹规划和协调发展机制,将数字图书馆建设与城市化发展和公共数字文化服务体系建设统筹结合,把数字图书馆纳入全省文化发展总体规划。充分利用"三大工程"等相关数字文化工程的合作机制,加大共建共享力度,促进全省数字图书馆的整体协调发展。

二、加大网络、资源与服务的一体化建设,搭建"两网三库多平台"服务体系

图书馆转型发展的实质就是构建以数字化、网络化为核心的图书馆服务新方式,形成网络、资源与服务的一体化和规模效应,带动全省数字图书馆的整体发展。完善覆盖全省、互联互通的数字图书馆的网络体系。在全省形成一个集成的、

通用的、分布式的网络平台,实现数据集成与交换,并在此基础上实行分工协作,互尽义务,互利互惠,使全省读者享受普遍均等的数字图书馆服务。

进一步加快数字图书馆资源一体化建设。数字资源保障体系是一个复杂的系统工程,需要有计划、有重点的开展。按照"共知、共建、共享"的建设思路,打破条块、地区、层级的界限,联合各级各类图书馆开展数字资源的共建。逐步建成分级分布式公共文化资源库群和全省数字资源保障中心,在全省范围内形成有效的数字资源保障体系。

完善数字图书馆服务体系,提升各级数字图书馆服务能力。要借助当前已形成的全省性网络体系建立统一的服务平台,在这个平台上高度集成各级公共图书馆所能提供的资源和服务,构建"云图",使用户能够随时随地通过移动终端、数字电视等新媒体能方便快捷地获取任何一个图书馆的资源与服务。主要做好资源整合,统一揭示、智能化服务等方面的工作。

1."两网"建设

数字资源生产网络:通过数字资源生产网络,实现全省数字资源生产的统一管理,包括统一规划、统一加工标引标准、元数据统一管理、生产过程监督、对象数据安全传输、数字备份和保存、资源调度和发布等。数字资源生产网络将以南京图书馆为中心,全省县市公共图书馆、主要院校图书馆和科研机构图书馆为分中心,连接形成网状结构,其最终规模可达到150多个节点。可以通过两种网络技术的一种来搭建生产网络,一是在公网上通过 IPSec VPN 来构建数字资源生产网络；二是租用并在局部铺设专线来建立自己的资源加工专网。在目前的情况下,采用 IPSec VPN 是比较现实可行的。

数字资源服务网络：数字资源服务网络以建设基于互联网服务于全省大众的数字资源服务中心为主,以基于 IPSec VPN 实现馆与馆局域网之间受限访问的 VPN 服务网络为辅。为了实现基于多个运营商通信和基于互联网、移动终端、数字电视等多种平台的服务,需要租用多个运营商的宽带线路或者是在多个运营商数据中心建立数字资源服务镜像中心。馆与馆局域网之间的数字资源服务网络与数字资源生产网络共享同一个 IPSec VPN 网络。

2."三库"建设

"三库"建设就是数字资源体系建设,是数字图书馆的核心工作。江苏数字图书馆需要建立一个丰富的、有特色的、满足全省不同用户群多样化需求的数字资源体系。资源涵盖各个学科门类、各种数字形式、各种文献类型。如;文献类型有图书、期刊、报纸、论文、报告、标准、专利、音频、视频、图片等。

一是自建特色资源。图书产品：将图书馆的部分特藏图书(包含古籍)进行扫描数字化,将数字化后的文件再加工整合成可以检索和阅读的数字资源产品,用户通过专门的阅读工具进行阅读。每个资源生产中心需要 3 台以上的零边距扫描仪和专业的电子图书加工处理软件。数据库产品：对独立和分散的资源进行数字化(如文章、图片、稿件等),并逐件进行元数据标引形成资源数据库,可以通过通用的或专门的检索工具进行检索和下载。每个资源生产中心需要 3 台彩色扫描仪、数字资源加工标引管理软件。流媒体产品:拍摄和采集流媒体原素材,根据流媒体加工标准进行编辑加工形成多种格式的流媒体产品,通过专门的或通用的流媒体服务系统提供服务。每个资源生产中心需要 2 台专业级数码摄像机和 2 台数字单反照相机,还需配至少 2 套非线性编辑设备和软件系统。

二是购买商业资源。商业资源是指国内外各种商品化的数字资源,这些资源在访问权限上需要满足江苏数字图书馆的需求,有些需要对全省开放,有些需要对一定的用户群开放。购买的资源数据库大约有 200 个,初始数据量大约需 300TB,每年的数据增长量估计要 50TB。

三是共享数字资源。共享资源是指共享工程国家中心下发的文化共享工程资源,以及由其他图书馆或机构提供的共享资源,这部分资源大约有 150TB。

网络资源是指从互联网上收集、挖掘到的资源。用一些专门的网络资源搜索采集软件工具帮助读者搜索整理感兴趣的主题和网站资源,这部分资源大约需 120TB 的空间。

3.“多平台”建设

“多平台”建设即服务应用软件体系建设,将建立能够满足不同人群的使用习惯和不同终端使用特点的包含服务门户、统一认证、智能检索、互动交流、参考咨询等各种服务功能的服务软件体系。

一是全民终身学习平台。按照建设全民学习、终身学习的学习型社会的要求,依托的丰富的讲座培训资源,建立数字图书馆学习资源库群,实现优质文化资源的共建共享。以提升全民学习持久性和全面性为重点,通过文本、音视频、动画等方式,制作适用于不同文化水平、满足不同学习需求的多样化学习资源库群,为社会公众提供内容丰富、形式多样、使用便捷的学习资源,使人们能够方便地利用国家数字图书馆提供的服务获得所需要的知识与能力,促进人的素质的全面提高,推动学习型社会建设。

二是立法决策服务平台。建设立法决策网络服务平台,为中央与地方各级政府的立法与决策工作提供资源保障和全方位信息服务,使数字图书馆成为在新的信息环境下提高政府立法决策科学化与专业化水平的重要途径,在全国图书馆间开展立法决策咨询合作。进一步提高全国图书馆在数字图书馆环境下的立法决策服务水平。

三是江苏数字图书馆综合服务平台。基于数字图书馆服务软件体系和数字服务网络建设江苏数字图书馆综合服务系统,提供数字资源的统一检索、发布、分布式点播、分发功能,元数据联合编目功能,数字资源和文献资源的馆际互借、传递、共享功能,联合虚拟参考咨询功能。

四是虚拟参考咨询服务平台。通过分类、主题、本体、语义网格、知识地图、主题图、主题网关等各种知识组织工具,对多种载体、多种形式、多种类型、分散异构的信息资源进行深入挖掘,再现其知识关联关系,形成一个有机的知识网格,整合全国图书馆参考咨询服务力量,为科研院所、企事业单位及研究型用户提供深层次、个性化、专业化信息与知识服务。

五是移动数字服务平台。基于最新的智能手机终端、手持阅读器、4G 网络,充分考虑未来 4G 网络和三网融合的发展,利用微博、微信、短信、彩信、APP 等应用程序,将先进文化资源和图书馆基础服务推送至用户移动终端,建设覆盖全省的移动通信网的移动数字图书馆,为全民提供随时、随身、个性化、三网间无缝链接的数字图书馆服务。

在移动数字图书馆建设中,将移动互联网先进文化的传播和用户体验作为重点开展工作。选择优秀文化资源,以文字、声音、图像、视频等多种形式利用 4G 网络发送至用户手持终端中,抢占移动互联网文化阵地。针对不断出现的新型手机终端,特别针对传统文化的移动终端展示和用户体验,开发体验良好的应用程序,提供优良服务。

六是数字电视综合服务平台。依托有线电视接入商,实现江苏数字图书馆有线电视服务的全省覆盖。建设具有数字电视节目制作、点播与直播、交互、信息共享、读者自助服务功能的数字图书馆数字电视综合服务,建设江苏数字图书馆网络电视频道和 IPTV 电视频道,实现电视服务的多元化、个性化、快速互动。

七是少儿数字服务平台。建设少儿数字图书馆服务,遴选优秀健康、寓教于乐的影像、动漫、文字等数字资源,通过网站、手机、手持阅读器、数字电视、电子数据库等多种模式向青少年儿童提供数字图书馆服务。在少儿数字图书馆服务建设中,重点考虑资源建设、服务模式建设和网络安全建设,用生动、新颖的模式,为青少年提供健康绿色的资源;通过梳理传统文化的素材,以网络游戏或单机版游戏等广大青少年能够喜闻乐见的方式,向青少年传播经典文化和中华历史,包括文学、史学、科技、医学、艺术等经典内容,加强青少年的中华优秀文化展示、认知与教育。

八是无障碍数字服务平台。依托中国盲人数字图书馆,借鉴其资源、技术、经验,建设江苏无障碍数字图书馆服务,为全省残障人士提供无障碍数字图书馆服务,使每一位残障人士享有均等的文化权利。

九是虚拟家庭数字服务平台。利用虚拟现实技术,结合IPTV、网络电视、手机等载体,构建虚拟家庭数字图书馆服务,提供特色资源欣赏和图书馆读者基础服务,在全省范围内实现虚拟家庭数字图书馆服务的全覆盖,让每个人、每个家庭、每个企业都拥有自己的个性化数字图书馆。

三、从多方面加强数字图书馆建设的实施保障

1. 经费和政策支持是数字图书馆建设的基本保障

数字图书馆建设是一项惠民的文化工程,作为政府和文化主管部门理应加强重视,加强对数字图书馆建设工程的政策和经费支持,加强对业务管理和考核评估。省、市、区等各级图书馆要善于争取经费,积极面向政府机关提供决策参考服务,逐步提升政府对数字图书馆的重视。同时,应该加强苏南、苏中、苏北三个区域图书馆之间的经验交流,相互沟通、相互借鉴,合力推动数字图书馆的快速发展。

2.先进技术与媒体手段是数字图书馆创新的动力

数字图书馆建设是依托网络技术和计算机技术发展起来的图书馆新业态,不断加强对基础性核心技术的研发,加大对新媒体和新技术的应用跟踪。当前大数据、云计算、移动互联网等新兴技术风起云涌,数字图书馆应抓准切入点,尽快实现新技术与图书馆传统优势的结合和创新发展,提高数字图书馆投入产出效益,实现集群效应;建立大数据的采集和分析体系,实现对数字图书馆推荐服务和智能服务的有力支撑。

3.人才队伍是推动数字图书馆建设的核心力量

数字图书馆对人才队伍的要求是全方位和综合性的。不仅需要能够把数字图书馆发展趋势、统筹规划和科学实施的管理人才,也需要精通数字图书馆业务的技术人才,需要了解各行业各学科、能够提供专业咨询的专业馆员,还需要能够对数字图书馆的资源和服务进行包装和推广的人才。同时,在数字图书馆各项工作开展中,还将不断需要各领域专家的研究论证和科学指导。针对数字图书馆从业人员整体比较缺乏,业务素质较低且偏传统的状况,可通过组建专家团队、开展业务交流与研讨、组织培训等方式,建立并完善分级分类的人才保障体系,通过业务研讨、集中授课、网络课堂、业务采访、交换馆员等方式,有步骤分批次地开展数字图书馆理论培训、业务培训和服务培训等,在全省范围内建立一批现代化、科技化、职业化的数字图书馆专业人才队伍。

4.宣传推广是提升数字图书馆影响力的重要途径

面对新技术的广泛应用,数字图书馆在加强自身建设水平的同时,一定要转变思路,进一步加大数字图书馆宣传推广力度,引入市场化宣传手段,积极策划丰富多彩、深入人心的服务推广活动。在宣传内容的组织上要突出特色、吸引眼球,结合读者需求开展针对性的内容推介,使读者能够快速建立起对数字图书馆的兴趣和使用动力;其次要注重宣传的持续性和更新,要能够结合数字图书馆建设的阶段性成果和最新进展开展宣传活动。强化用户对数字图书馆海量资源、特色服务等的认识,不断提高用户的信息素养。再者,在宣传的方式上要灵活多变,针对不同群体的特点采用不同的推广方式,利用微信、微博等新兴社交媒体推送信息服务,提高宣传推广的效率。

第四节　本章结语

　　本章分析南京图书馆数字化发展现状和存在问题,提出"两网三库多平台"建设的原则,重点介绍数字资源生产网络和数字资源服务网络两个网络,自建特色资源、购买商业资源和共享数字资源三个资源库,以及全民终身学习平台、江苏数字图书馆综合服务平台、虚拟参考咨询服务平台等九大服务平台,论述加强数字图书馆建设的保障性措施,指出经费和政策支持是数字图书馆建设的基本保障,先进技术与媒体手段是数字图书馆创新的动力,人才队伍是推动数字图书馆建设的核心力量,宣传推广是提升数字图书馆影响力的重要途径。

第八章　省级公共图书馆服务体系构建与服务工作创新

第一节　国内外公共图书馆服务体系的主要模式

一、公共图书馆服务体系的概念

公共图书馆服务体系是一个综合化的概念,指一个国家或地区的公共图书馆通过独立或合作的方式提供的图书馆服务的总和。

二、我国图书馆及公共图书馆的分类

我国图书馆按图书馆的管理体制(隶属关系)划分为:文化系统图书馆,教育系统图书馆,科学研究系统图书馆,工会系统图书馆,共青团系统图书馆,军事系统图书馆等。

公共图书馆按照行政级别和地域分为:国家图书馆、省(直辖市、自治区)图书馆、地市级图书馆、县级/街道(乡镇)/社区(村)图书馆(基层图书馆)。

三、国内外构建公共图书馆服务体系的主要模式

公共图书馆服务体系最早是美国以总分馆制的形式提出

的,并在 1870 年由波士顿公共图书馆开放了世界上第一座分馆。此后总分馆制作为国外公共图书馆服务体系的主要表现形式,在欧美、日本、新加坡等地推广开来。我国公共图书馆服务体系建设始于 20 世纪末,起步虽晚但发展较快,目前已形成总分馆制、区域图书馆服务联盟等多种模式。各国、各地区政府和图书馆界结合当地社会经济发展和人文环境,探索总结出各具特色的公共图书馆服务体系。

1. 美国模式

总分馆制是构成美国公共图书馆服务体系的主要方式,各县、郡和市的公共图书馆都在辖区内设立许多分馆,地方政府和联邦政府按照预算下拨所需经费,同时也接收各类公益捐款。总馆承担统一管理和协调职能,分馆实际上是总馆的一个分支或派出机构,总分馆之间组成高度统一、协调、完整的组织结构体系,统一管理设备、人员、经费、文献、检索、流通、咨询等,实行通证通借通还服务。

2. 日本模式

日本公共图书馆按照都道府县理和市区町村立两级来设置,相关经费由政府承担,并在各个社区建立起下一级地域馆或借阅点,确保市民步行 20 分钟能见到一个图书馆。为此,日本各地区建立起由"中央图书馆(总馆)""地域图书馆(地域馆)""图书停靠所(巡回借阅点)"和"汽车移动图书馆(串联补充)"等组成的总分馆制体系。同一服务体系的不同图书馆,设置主体和资金来源相同,采取集中调配、统一管理。

3.新加坡模式

新加坡公共图书馆服务体系由国家图书馆担任总馆,下辖3个区域图书馆和21个社区图书馆。总馆负责整个系统文献资源的采编配送、读者活动的策划和参考咨询服务,社区图书馆主要负责文献借阅服务。读者通证通借通还,全国各地的邮筒还可作为还书箱。

4.上海城市中心图书馆模式

上海是由市馆担任总馆,各区(县)馆作为分馆而形成的服务体系。各分馆保持原有的行政、人事和财政关系不变,由上海市图书馆提供文献资源、服务平台、技术设备、规范标准和协调管理,各分馆与总馆不存在上下及隶属关系,共同搭建一个全市范围的图书馆合作协调服务网络。读者凭"一卡通"在全网内的任意一个图书服务点,享受均值的通借通还服务。

5.杭州"中心馆—总分馆"工程

杭州市在充分考虑我国现行的行政体制与公共财政投入方式的前提下,设计了"中心馆(杭州市馆)—总(区县/市)馆—分馆(乡镇、街道)—亚分馆(村、社区)"体系作为杭州地区公共图书馆服务的运行模式。整合各级公共图书馆的资源,建立起覆盖城乡、组织结构科学合理、文献资源统一调配、服务质量基本一致、运行高效节约、服务普遍均等的公共图书馆服务体系。读者可持统一借书证到服务网内任何一个图书馆或服务网点借还文献资源。

6.嘉兴总分馆制模式

嘉兴是由政府主导,总馆提供资源并直接管理的相对紧密型的模式。分馆馆舍和办馆经费由市、区、镇三级财政共同提供,人员有市、镇两级政府共同承担,区财政给予补贴。读者证通用,通借通还。

比较:国外图书馆的总分馆制模式,基本上都是只有一个建设主体,人财物统一调配管理,服务网点统一规划建设,业务活动统一策划组织。统一的管理机制是其公共图书馆服务体系得以持续健康发展的根本保证。而国内的公共图书馆服务体系,各馆基本上都保持原有的行政关系,人事和财政都在各自原有的框架内,彼此之间通过协议,以总分馆制或区域联盟的方式进行合作,共享文献资源,特别是牵头馆在文献资源、技术设备和协调管理上,提供更大的支持和共享。国内外公共图书馆服务体系的根本区别在于人财物的隶属关系,在于统一的管理机制上。

第二节 "十二五"期间南京图书馆读者服务工作回顾

南京图书馆作为江苏省级公共图书馆,在"十二五"期间,始终把社会效益放在第一位,紧扣文化强国、文化强省的发展方向,主动融合公共图书馆事业发展的新形势,以优质服务、创新服务为中心,坚持"抓管理、塑形象、内外兼修,努力提升南京图书馆综合服务水平"的工作方针,提出建设具有"国际先进、国内一流"现代化图书馆的奋斗目标。通过深化内部改革、激化内在活力、规范服务行为、创新服务内容,健全服务功能、完善服务体系等措施,不断提高服务社会的能力和水平,以适应全面建设更高水平小康社会的新要求,为促进江苏文化大繁荣大发展,特别是为公共图书馆服务体系的开拓建设做出了应有的贡献。

一、坚持免费开放、公益普惠的原则,强化目标管理,建立科学高效的运行机制

"十二五"期间,南京图书馆服从服务于江苏省委、省政府和省文化厅的工作大局,围绕文化强国、文化强省的建设目标,紧紧抓住公共文化服务体系建设的新机遇,主动融合公共图书馆事业发展的新形势,牢牢把握科技化、自动化、优质化、专业化和国际化的发展方向,并结合第五次全国公共图书馆的评估考核要求,以每年一小步、五年一大步的发展节奏,努力实现管理体制创新和各项工作的现代化转型,全面提高南京图书馆的综合实力和服务能力。2014 年,南图成立首届理事会和监事会,初步建立起南京图书馆法人治理结构,形成"四位一体"的管理体制,理事会、监事会、党委会、管理层分工不分家,围绕事业发展大局,齐心协力,各尽其职。

南京图书馆立足于科学有序地发展目标,坚持"读者第一、公益免费"的服务方向,不断更新服务思维和服务理念,认清图书馆文献数字化、服务社会化、用户个性化、手段现代化、信息精品化、系统智能化、馆员专家化的发展趋势,积极开拓新的工作模式,制定并完善一整套岗位职责、服务规范、考勤管理、安全条例、突发事件应急预案等行之有效的规章制度和

工作规则,确保各项工作有章可循、顺畅有序,也保证各部门及员工间的人际和谐、服务有效、保障到位。

二、强化服务意识,创新服务内容,注重队伍建设,塑造良好的社会形象

南京图书馆始终坚持"以读者为中心"的服务意识,以提供方便快捷的服务为目标,紧扣网络环境下读者对文献资源不断变化的需求,及时调整文献资源的采访类型和品种比例,合理布置各类文献资源的展示方式,不断扩大数字资源的收藏量,拓展数字文献的服务方式,提升数字图书馆的服务能力,让更多读者通过现代化的手段及时有效地获取文献信息资源。

采用灵活多样的方式,积极开展对员工职业道德、文明礼仪、服务规范、从业知识等方面的教育和培训。认真抓好专业人才的引进培养工作,强化服务规范的宣传与落实;鼓励员工钻研业务,学有所精,不断提升员工的职业素养、导读能力和服务技巧。稳步推进全馆岗位设置和绩效工资改革的实施,实现专业人才和业务岗位的梯次配置,立足造就一支在多个专业和多技术层面学有专长、熟练掌握馆藏文献、能为读者提供快速导读、专业咨询和信息服务的员工队伍,确保服务水平的提升。

三、巩固传统阵地服务,积极拓展服务功能,不断延伸服务空间,为社会提供多层次多样化的服务

南京图书馆以创新的精神、务实的态度和有效的措施,紧

紧抓住免费开放的有利契机,稳固推进阵地服务质量,积极拓展服务空间,推动业务工作的统筹发展,确保传统阵地、信息咨询、延伸服务、协作协调和特殊读者等多项服务齐头并进,不断提高服务水平和管理水平,扩大南图在社会上的影响,进而在推进"文化惠民"、促进文化民生的发展中发挥更大的作用。

南京图书馆新馆 2006 年首层试开放,2007 年全面开放,2008 年实行免费开放,2009 年实现每天开放服务 12 小时。馆区内各类文献资源实行全开架、大流通、借阅一体的服务格局,有效推动了传统借阅服务的迅猛发展。截至 2015 年 8 月,新馆办证数达到 73.4 万张(其中少儿证 6.7 万张),是老馆时期的 10 倍;2011 至 2014 年每年书刊的外借量分别是 173.16 万册、174.36 万册、180.23 万册和 181.59 万册,是老馆时期的 16 倍以上,逐年创造外借流通数据的新高,社会效益日益显著。

顺应社会发展的需求,大力推行"文化惠民"工程,充分利用我馆优越的软硬件条件,不断开拓和延伸新的服务领域,开展各种类型的读者活动,让普通市民和社会特殊群体都能享受到个性化服务,同时,引导读者主动参与管理和服务,让南图真正成为市民享受终身教育的"第二起居室"。几年来,南京图书馆在讲座、展览、读者活动等方面精心打造了一系列品牌公益读者活动,取得了显著的成绩,获得了良好的社会效益。如"南图阅读节""七彩的夏日(暑期系列)""缤纷的冬日(新春系列)""南图讲座(包含百场公益讲座基层行巡讲)"

"南图会展""陶风图书奖评选""陶风读书会""文学沙龙""作家与读者见面会""特色少儿阅读推广系列活动""视障人无障碍阅读推广系列活动""馆藏资料""年度优秀读者评选",等等。南图的特殊群体服务工作也得到了进一步深化,馆内设有独立的少儿服务区、残障人服务区和侧重于老年读者的综合服务区,同时开展了对象明确、主题鲜明的系列活动,如"沐浴书香·畅游书海(少儿)""关爱之旅·你我同行(残障人)""公益培训和影片赏析(中老年人和进城务工人员)"等,让每一个到馆读者,都能找到一个参与的机会和空间。

以现代化手段和馆藏各类文献资源为支撑,深化文献检索和参考咨询工作,积极构建全省联合参考咨询网协作平台,大力推进信息导航、定题服务、馆际互借、文献传递和科技查新工作,实现传统参考咨询业务和现代信息咨询工作的对接,实现文献信息资源的共建共享。截至 2014 年年底,由南图牵头组建、整合南京图书馆数字资源的省联合参考咨询网,已从最初的 13 家成员馆拓展到 80 家,基本覆盖全省各市县馆,最大限度地拓展文献资源的获取途径,提高江苏省公共图书馆的整体服务能力。2012 年 5 月,签订 OCLC 战略合作协议,推出 OCLC WorldCat 联机目录数据库的自助检索服务,为读者提供与全球一万多家图书馆实现馆际互借的申请服务和对全球近两万家图书馆馆藏文献的代检代查服务,丰富、扩大和提高了文献检索和参考咨询工作的内容、范围和能力。

依托馆藏文献资源和数据库,积极构建省级决策咨询服务协作平台,加强高端精细化政策咨询服务,深化推进网络舆情监测工作,提高《信息传真》《对策研究》《审议参阅》的编制水平,更好地为党政机关决策和"两会"服务。并根据市场需要,积极探索信息增值服务的新思路,编印专题剪报、行业资讯,为企事业单位和社会公众提供个性化信息服务。2013 年,南京图书馆成为国家图书馆牵头组建的"全国省级公共图书馆决策咨询服务协作平台"首批八家成员馆之一;多期《对策研究》的分析及建议获有关分管副省长的签批;"两会"现场更加注重和突出数字化和信息化的服务手段;南图"江苏立法决策信息服务平台"已链接至江苏省人大网站主页"立法信息库"栏目,充分发挥了平台的信息参考作用。

积极探索图书馆服务网络体系建设的创新思路和有效方式,把流通服务点建设作为充分发挥省馆龙头作用、拓展服务空间、延伸阵地服务、引领全省服务网络建设的抓手,在布局选点、资源配置、服务保障、管理效益等方面统筹规划,制定了《南京图书馆流通服务点建设实施要求》和《南京图书馆流通服务点暂行管理办法》,按照突出重点、体现特色、需求牵引、兼顾均衡、求精求新的要求,在全省范围内首批建设 56 个流通服务点,每个点配置 2000 册纸质图书、部分电子书、2T 的数字资源和多媒体资源,统一使用南京图书馆配置的管理软件系统、铭牌、书架及服务规则,各点的流通服务数据可即时汇总,外借量是服务效益考核的主要指标。流通点的建设获得了广大读者好评与肯定,省内不少市县媒体予以详细报道和充分肯定。

四、强化自助服务，创新数字服务手段，努力构建完善的服务体系

随着公共图书馆文献资源量和读者数量的不断增加，以及数字时代日新月异的迅猛发展，传统的人工服务方式正被越来越多的自助服务手段所取代。南京图书馆在"十二五"期间投资引进相关技术和设备，上线运行一整套读者自助服务系统及手机移动服务系统。一是在各书刊外借服务区实行基于 RFID（无线射频识别技术）技术的智能化管理服务系统，将系统内书刊的位置信息与实际架位所处的位置一一对应，方便读者在目录检索时进行精准查询和定位取阅，并实现自助外借功能，同时也方便工作人员实时掌握馆藏文献资源的在架和利用情况。二是推出读者自助办证系统，实行自助为主、人工为辅的办证模式，并适时将原来的条码证逐步升级为具备"一卡通"功能的芯片证，为实现自助复印、自助打印、自助缴费等服务功能，提供了必要的条件。三是各书刊借阅室实现了手机与读者证的实时绑定及微信入室认证服务；电子阅览室和读者自修室通过自助服务系统的实施，最大限度地方便了读者，也便于对每一个入室读者的行为进行有效管理，为服务效益的评估提供依据。

按照"十二五"规划的要求，大力推动公共数字文化建设工程，制定《江苏省公共数字文化系统建设标准》，为全省各级公共图书馆共享工程、公共电子阅览室、数字图书馆推广工程等三大工程建设提供统一的建设标准。南京图书馆作为龙头馆，与国家图书馆三大工程中心相对接，组织协调、指导扶持

省内各市县及乡镇街道基层点的建设工作,取得了显著的成效,省内各点实现了互联互通。全省共享工程地方特色资源数据库的拍摄工作、公共电子阅览室管理系统软件的开发运行、省市公共图书馆数字资源共享和江苏少儿数字图书馆建设工作都已取得跨越式的进展。2013 年,南京图书馆成功承办了全国数字图书馆"网络书香·数字图书馆建设与服务"宣传推广系列项目的首站活动。

公共图书馆官方微博、微信平台和南图移动 APP 是图书馆新媒体宣传的重要窗口,为读者提供一个全新的图书馆业务咨询和交流平台。2013 年 10 月"南京图书馆微信公众服务平台"建立,2014 年 5 月南京图书馆官方微博开通,内容涵盖南京图书馆日常工作的各个方面,兼及业界资讯和与阅读相关的各类信息。微信平台为读者提供书刊查询、书刊续借、在线阅读、视频点播、馆情通报、电影预告、图书快讯、讲座预告等 10 余项服务功能;微博内容主要分为馆情、通告、资讯、书讯、书评、名言、反馈、微思等 8 类;南图移动 APP 可以实现书刊查询、读者卡服务、阅读账单、南图书房(电子书)、展览、讲座、经典视听、新书推荐、二维码识别、你问我答、ISBN 码扫描等 11 项服务,它们共同的特点是更加便利和快捷,能及时发布各类信息、解答读者咨询,并能有效化解读者投诉,提高读者满意度,为扩大南京图书馆在社会文化领域内的影响,提升公益服务方面水平,优化社会公众形象,做出了新的贡献。

五、精心策划、科学布局,有条不紊地推进文献资源书目数字化和储备书库的建设工作

南京图书馆馆史悠久,文化底蕴深厚,承担着保存文化遗产职能、开发利用信息资源和开展社会教育等职能,截至 2014 年年底,南图拥有各类文献资源总量为 1180 万册(件)。在 20 世纪 90 年代,南图对馆藏文献进行回溯建库工作,由于时间紧、标准低,不少书目数据采用的是简单著录方式,基本上没有标识详细的内容,导致无法深度揭示文献资料信息,影响读者的信息获取和资源利用。为全面盘清和充分揭示丰富的馆藏资源,理顺文献资源的配置和利用关系,"十二五"期间,南图有计划有步骤地积极推进馆藏文献书目数据数字化工作,逐步优化完善书目数据信息,让读者通过本馆网页上的公共联机书目查询系统(OPAC),快速准确地查找所需的文献资料,最大限度地提高馆藏文献资源的利用效率。

南图新馆自开放以来,为满足读者需求,书刊采购量和品种数逐年增加,每年新增中外文书刊报 50 余万册,而当初新馆的设计库容为 1200 万册,目前已基本接近饱和。为减轻新馆的涨库压力,南图采取两项针对性措施,避免发生全馆书库彻底涨满的情况。一是利用老馆空间建设南图流通储备书库,将流通退架复本书刊和低使用率实体文献系统整理、排序上架、网上查目、预约查阅,提高此类文献的利用率,同时有效地释放新馆的书库空间,减缓全馆性涨库压力。二是在"十三五"规划调研讨论制定过程中,引入新建南图分馆的内容,提出在南京江北新城核心区建设藏书量不低于 1000 万册、藏阅

一体、成为文化地标的南图分馆及配套建筑,与主城总馆协调布局、合理调配文献,与大行宫总馆形成一个有机的整体,推进南图持续、健康地科学发展。

第三节　未来几年省级公共图书馆服务体系的构建思路与服务工作的创新举措

省级公共图书馆担负着弘扬传统文化、传播文化知识、丰富群众生活、提高国民素质、引领社会风尚的重要职能,它的定位已不再是传统的封闭式的藏书楼,理应发展成为一个以馆藏文献为支撑,依托现代技术手段,融合更多文化内容,为读者提供全方位多功能服务的文化综合体,并通过服务体系的重新构建和服务举措的不断创新来实现服务工作的六个转变和提升。即:真正把读者需求放在第一位,抛弃自我为大、以我为主的观念,从根本上转变办馆理念和服务意识;完善内部管理机制,强化多向协作协调,统筹配置各类公共图书馆的资源,突破传统观念的束缚,实现管理体制上的转变;用开放式服务体系代替传统封闭式的收藏体系,实现服务职能的转变;改变读者静态的被动接受的服务,推行读者动态的主动参与的服务,实现工作作风的转变;摒弃单一固化的服务,倡导综合多方位的服务,实现服务内容上的提档升级;积极推进以现代技术手段为支撑的自动化及网络服务,不断融入新技术新手段,拓宽虚拟服务的领域和空间,加大智能化管理力度,优化手工操作的效率,实现服务方法及手段的提升和转变。

一、未来几年省级公共图书馆服务体系的构建思路

1. 坚持惠及全民的服务导向,促进各地区的协调发展

《公共图书馆宣言》明确指出:每一个人都有平等享受公共图书馆服务的权利,而不受年龄、种族、性别、宗教信仰、国籍、语言或社会地位的限制。省级公共图书馆是各省域范围内藏书、目录、馆际互借和业务研究、交流的中心,与其他层级、类型的图书馆拥有不同性质的使命和职能,理应秉持"以人为本""公平、均等"的服务理念,积极构建覆盖城乡、惠及全民、便捷高效的全省公共图书馆网络体系,保障公民基本文化权利的实现和精神文化生活的满足,推进公共文化在区域之间、城乡之间、人群之间的均衡发展,充分发挥省级公共图书馆的公共文化服务职能,让文化的阳光普照到每个公民。

2. 实现单体图书馆服务向总分馆体系服务的转变

在全球信息化的今天,没有哪一类型、层级的图书馆能够收藏世界上所有的信息资源,也没有哪所图书馆能够满足所有用户的需求。省级公共图书馆作为各省域范围内最大单体的公共文献信息集散地,也是最大的文献信息研究所和咨询机构,只有坚持共建共享,实现省域内资源、服务的物尽其用、人尽其才,才能促进人和社会的全面发展。各省级公共图书馆要吸收采纳国外发达国家总分馆服务体系的优点和长处,结合中国各地分级财政的客观实际,以图书馆联盟的形式,由省级馆牵头,构建全省各地级市公共图书馆服务网络,搭建服

务平台,规范业务管理,融合各馆资源,编制联合目录,开展馆际互借,实现互联互通,从根本上提高省级公共图书馆的服务能力与服务水平。同时加强与本省高校及科研院所图书馆的合作,形成省域范围内完整的图书馆共建共享体系,实现资源共享,构建多功能、多载体、多元化、网络化、公众化、全开放、全免费、全时段的公共文化共享服务空间。

3.积极推进实体图书馆服务与虚拟图书馆服务的融合

随着计算机技术和移动互联网的飞速发展,传统实体图书馆的服务模式开始向"互联网＋图书馆"数字时代的快速转换,也必然推动图书馆存在实体的逐步虚拟化。评价一个图书馆的馆藏,不再单单以实际馆藏为主要评估指标,其获取网络信息的权限和能力及特色数字资源的开发水平和成果,将成为衡量馆藏含金量的重要参数;要逐步树立重视虚拟馆藏使用权,淡化实际馆藏拥有权的理念。图书馆在增加印刷型文献的同时,应大力加强数字类文献的开发与收藏,通过连接Internet、DIALOG等联机检索系统和OCLC书目服务机构以及网上各种类型的数据库,向读者提供内容广泛、虚实结合的文献资源服务。在专业网站导航的基础上,进一步研究网上资源的价值和分布,对网络信息整序、分类,使其有序化、系统化,并与实体馆藏文献相融合,共同构建一个覆盖面广、保障力强,适宜在网络环境下运行的馆藏结构,便于读者在图书馆网站上查询和利用,为读者服务工作奠定坚实的基础。

二、未来几年省级公共图书馆服务工作的创新举措

1. 建立健全"一卡通"管理服务系统和自助服务系统

省级公共图书馆作为一个地区公共图书馆服务体系的龙头,要充分借助"一卡通"系统来实现区域内的集中管理,借助统一采购、统一编目、统一配送的文献保障模式,建立起包含通借通还、信息共享、资源共享、数字服务等内容的读者服务保障体系。让读者无论在何处,均可以通过统一的检索平台,查询服务网络的文献资源,并通过实体传送或网络传递,便捷地得到所需资料和信息。各成员馆应广泛采用 RFID 技术和手机自助智能服务系统,不断加大自助借还服务、图书智能分拣、图书智动盘点、图书智能定位和安全防盗门禁等设备的投入,积极开设 24 小时无人值守的自助服务区,实现阵地服务各环节的机械化、智能化和全时化,有效地节约读者操作时间,方便读者检索查找,减轻工作人员压力,提高架位的准确度,加快图书的流通速度,真正实现向"智慧图书馆"的转变。

2. 藏用并举,构建分层分线相结合的藏书体系

省级公共图书馆藏书体系主要划分为两大类:①按文献收藏和使用的层次分为:保存本书库(闭架)、基藏书库(闭架)和流通书库(全开架);②按照藏书的利用率分为:一线书库(满足读者总借阅量的 60% 左右)、二线书库(满足读者总借阅量的 30% 左右)和三线书库(满足读者总借阅量的 10% 左右)。分层构建的缺点是:重藏轻用,文献的使用价值不能有效地发挥出来。分线布局的不足是:重用轻藏,削弱了省级

公共馆在文献保存方面的地位和作用。"藏"与"用"是始终图书馆面临的一对矛盾。在现今社会,图书馆应不断创新工作思路,突破传统封闭的思维枷锁,努力构建一个科学合理的馆藏文献藏用体系,实现藏书的全方位开放,最大限度地满足读者的阅读需求。可以采取将分层和分线相结合的构建方式,保存本书库相对独立,功能上偏重于典藏,承担起当地文献资料的收集和保存职责;其余各类文献按照读者利用率高低和到馆年限,分为流通书库(全开架)和储备书库(开架与闭架相结合)两个层次。流通书库和储备书库之间是一个动态、开放、既相互独立又互为流动的整体,对读者实行"藏、借、阅、检、咨"一体化的服务,充分发挥馆藏各类文献资源的作用。

3.逐步完善流动图书点(站)网络的建设,更好地服务全社会

省级公共图书馆在推动本地区行业内总分馆服务体系构建的同时,应当充分发挥省馆在文献资源、服务手段和科学管理等方面的优势,积极实施面向全社会、跨行业间的流动图书点(站)的建设工作,重点考虑在特殊人群、弱势群体和城市边远地区建立流动图书服务点(站),优先选择社区中心、部队驻地、特种学校、社会福利院、养老院、劳教所、监狱、厂矿企业、城市新市民聚集地和边远落后乡镇等处,将省馆服务的触角延伸到社会的各个角落。省馆根据各流通服务点(站)的自身条件、人员组成和阅读倾向,针对性地组织书刊资源和数字资源,使用统一配置的管理系统和服务规则,实行统一模式、规

范管理,按时汇总流通数据,定期进行效益考核。省馆对各流通服务点(站)的文献资源应定期更新调配,对管理人员要不断进行培训和指导,同时,要经常性地组织形式多样的互动活动和宣传讲座,提升各流通服务点(站)的活力和影响力,从而增强省馆的延伸服务能力,扩大读者服务的覆盖面。

4.加强与实体书店的联合,创新读者选书荐购的模式

借鉴内蒙古图书馆实施的"彩云服务——我阅读你买单我的图书馆我做主"读者创新服务思路,各地省级公共图书馆应结合各自馆藏采选政策和读者需求,加强与实体书店的合作,再造图书馆传统业务流程,借助于互联网和大数据技术,开发由读者、书店和图书馆共同参与,集"借、采、藏"为一体的共享服务管理平台,实现数据共享、需求共享、渠道共享,打破读者、书店、图书馆之间的数据壁垒和通道障碍,让读者成为图书馆的图书"采购员",实现读者参与文献资源的建设工作,带动图书馆服务核心指标——目标人群覆盖率、持证率、到馆率、点击率的跨越式提升,给书店带来图书馆的读者,给图书馆带来书店的顾客,给读者创造选书的便利,为社会营造出全民阅读的条件,实现多方共赢。在省馆的带动下,这项服务可引入各地区的总分馆服务体系中,并成为不可或缺的组成部分。

5.利用新媒体技术,倡导泛在阅读

泛在阅读是指社会公民以终身学习为目的,凭借现代信息技术,运用流行的传播媒体,随时随地开展阅读活动,获取有益信息的过程。高科技数字载体像亚马逊、索尼、苹果、汉

王、阿帕比等电子书的上市,正在不断地引导和改变着人们的阅读习惯,手机阅读、网络阅读和数字阅读开始被越来越多的人所接受和采用。专家预测,到2030年,90%的人将持有E-book,阅读趋势的数字化、多元化、个性化和泛在化必将给出版业和图书馆界带来深刻变革。省级公共图书馆应紧跟数字阅读时代的发展趋势,有机地将传统图书馆的"实"与泛在图书馆的"虚"结合起来,充分发挥公共图书馆在文献资源、信息服务、管理效能、技术设备和人力资源等方面的优势,加大数字文献资源的采购量和馆藏量,增强新媒体技术的宣传力度,简化读者利用的手续,为读者提供即时便捷、周到细致的阅读服务和信息服务,让实体图书馆成为市民获取泛在化阅读服务的首选窗口和通道。

6.打造"创客空间",营造亲民、开放、互动的学习交流空间

总理在政府工作报告中首次提到要让"众多创客脱颖而出"。搭建孵化平台、满足个性需求,全社会各领域参与、支持创新创业的热情由此被激发出来,创客迸发出的力量正在为蓬勃发展的中国经济添柴加火。省级公共图书馆拥有在物理位置、空间布局、技术设备、人文环境、文献资源、专家队伍等方面的优势,积极打造符合地区实情、各具特色的"创客空间",让每个人都可以在图书馆这座知识之城里成为创造者,已成为当下公共图书馆的职责所在。公共图书馆搭建的以馆藏文献、数字技术、创新工具为支撑的复合型学习创造空间,不仅要有服务于产业、学习和研究的理念,还要提供用于创造

的专用设计软件、制图设备、多媒体触屏、3D 打印等设备平台以及沉浸式的数字技术互动空间,更要定期举办主题鲜明的展览、讲座、沙龙、竞赛等交流活动,激发创意灵感,引发思维变革,开启头脑风暴,形成馆员与专家、读者与专家、读者与读者、专家与专家的多向交流,推动省级公共图书馆在"知识服务"和"万众创造"的过程中,发挥更大更积极的作用。

第四节　本章结语

1994 年,联合国教科文组织发布的《公共图书馆宣言》明确阐释了公共图书馆的基本服务理念:公共图书馆是传播教育文化和信息的一支有生力量,公共图书馆保障公民享有获取知识的权利。"一切为了读者、为书找人、为人找书"是对图书馆服务的最好诠释。"十三五"时期将是我国全面建成小康社会、实现中华民族伟大复兴中国梦的关键时期,省级公共图书馆作为各省公共图书馆服务体系建设的龙头馆,在迎接"十三五"到来之际,其服务功能定位就是要以《意见》提出的"正确导向、政府主导、社会参与、共建共享、改革创新"为原则,重视载体文化的积累与传承,以服务的标准化、规范化和科学化促进服务均等化发展,不断创新服务理念、服务手段和服务方式,提升服务效能和办馆效益,成为省级公共文化服务体系的标志和象征。

参考文献

［1］程琼,傅佳颖.公共图书馆免费服务伦理困境探究［J］.图书馆工作与研究,2014(5):15－19.

［2］吴自勤.文化强国视域下的公共图书馆服务体系建设［J］.学习论坛,2014(3):63－65.

［3］马宁.抓管理　塑形象　内外兼修　努力提升南京图书馆新馆综合服务水平［J］.新世纪图书馆,2007(1):3－4.

［4］郭海明.“普遍平等、惠及全民”的公共图书馆服务［J］.图书馆理论与实践,2009(3):74－77.

［5］黄体杨.我国农村图书馆(室)界定初探［J］.新世纪图书馆,2008(2):86－89.

［6］方标军.南京图书馆战略定位研究［J］.新世纪图书馆,2010(5):3－6.

［7］梁亮,冯继强.公共图书馆服务体系建设保障要素探讨——以“大杭州”等公共图书馆服务体系建设为例［J］.图书情报工作,2014(4):29－33.

第九章　省级公共图书馆未来发展趋势

第一节　当前图书馆阅读服务环境分析

据工信部统计,截至 2014 年 1 月底中国移动通讯用户达 12.35 亿,同比增长 10.8%,其中 33.94% 为 3G 用户、67.80% 为移动互联网接入用户。"第十一次全国国民阅读调查"显示,2013 年我国成年国民图书阅读率为 57.8%,连续七年稳步提升。但是,受数字化迅猛发展的影响,报纸期刊阅读率逐年下降,数字化阅读方式(包括网络在线阅读、手机阅读、电子阅读器阅读、光盘阅读、PDA/MP4/MP5 阅读等)接触率持续增长,达到 50.1%,首次超过半数,同比上升了 9.8%。调查分析认为,"工作忙"是我国成年人不读书的最主要原因,"获取便利""方便随时随地阅读"和"方便信息检索"等优势促使人们投票选择数字化阅读[1]。与调查相吻合的是,在压力很大的快节奏社会环境里,随处可见的"低头族",或没时间,或没兴趣,或没精力手捧一本书进行"深阅读",只有通过智能手机便捷化、快速化、碎片化的"浅阅读"。

第二节 当前图书馆的发展出路和未来图书馆的发展方向

事实证明,汹涌澎湃的数字化浪潮,促使图书馆传统服务功能日益减弱,服务模式受到挑战。按照这个趋势,当所有的信息都能在互联网上得到,当智能手机能解决阅读、查询等问题,我们还需要图书馆吗?不可否定,图书馆正处于一个非常危急的时代。有人甚至预言图书馆会在 2019 年消失,美国 Alfred 大学的用户培训馆员就发表过《2050 年大学图书馆尸检报告》,燃起了"图书馆消亡论"的战火[2]。物竞天择,适者生存。如果图书馆不能适应新环境的变化,不能长期满足用户需求,那么图书馆必然被抛弃、被取代,甚至走向消亡。所以,图书馆必须致力于用户需求,不断加强自身建设,在服务资源上无所不容、服务模式上无处不在、服务内容上无所不能,才能不被快速发展和转型的时代所抛弃。

一、在人和资源上无所不容

海纳百川,有容乃大。山不辞土,故能成其高;海不辞水,故能成其深。未来图书馆要在"容"上做文章,容得下人,容得下资源。

1. 容得下人

人才是第一资源。一方面,图书馆要聚天下英才而容之,容得下各类人才,容得下员工,鼓励员工为馆效力,为读者开展高质量的服务。另一方面,要容得下读者,使各方民众包括乞丐可以来、方便来、愿意来图书馆享受公益服务,使公共图书馆真正成为免费的、无门槛的第三空间。第三空间是指除家庭空间、工作空间以外的空间,它带给人们的是归属感、平等感、安全感和愉悦感。有人预测,到 2017 年将有 50% 的工作在第三空间开展。实践证明,公共图书馆作为第三空间已经受到越来越多民众的欢迎,现在不少民众到图书馆不仅仅是借阅书籍,而是娱乐休闲、访客会友、交际交流,哪怕是坐一会儿[3]。上海图书馆馆长吴建中是我国图书馆作为第三空间的积极倡导者和建设者。上海图书馆近几年来开设了人、信息、技术交互的创新空间,推出以旅游、地方志和产业服务为特色的学习空间,为图书馆空间再造做了一些有益的尝试。上海图书馆在策划新馆布局时,设计了 100 个研究小间,积极打造"城市办公室"品牌,吸引更多的人来图书馆交流。应该讲,交流是一种能力,现在世界上都在重新思考空间作为交流的价值。比如,从研发到产业化为什么不通畅,就是因为缺少一个交流的平台,所以现在全球都在兴建创意园区,发展联合办公(co-working)等,就是在挖掘空间在交流中的价值,促进研发向产业化转化的过程。图书馆是促进人与人、人与信息交流的社会空间,应该成为激发创新和创意的动力之源。作为"第三空间"的图书馆,要增设音乐厅、咖啡厅、会议厅、展览厅、多功能学术活动厅、声像视听室、教育培训中心、餐厅、休息厅、娱乐厅、停车场等,组织各种公益的读书、观展、益智、交流等活动,吸引社会各类人到图书馆来,与商业娱乐休闲场所错位发展,互为补充,相得益彰,以适应未来现代城市文化休闲功能发展的需要。

2.容得下资源

在资源为王的年代,谁占有的资源多就意味着谁有更多的服务能力。众所周知,图书馆的首要职能是保存人类文化遗产。法无禁止即可为。未来的图书馆将会打破博物馆、美术馆、展览馆、文化馆的界限,最大限度地收藏能馆藏的一切人类文化遗产,为服务民众夯实基础。这些资源和服务可以包括书目指导、目录、数据仓库、数字图书馆、远程学习、数据库、政府文件、指南、馆际互借、文献传递、特藏、虚拟教室、虚拟参考咨询、虚拟旅行和其他特殊项目。作为数据中心,即使没有实物馆藏,也能通过大数据、云计算等技术方便地提供查询,使民众所有问题到图书馆都能一站式解决。

二、在服务模式上无处不在

2003 年,美国国家科学基金会报告中首次提出"泛在知识环境"的概念,即:信息资源共享的最高目标"5A"(任何用户在任何时候、任何地点均可以获得任何图书馆拥有的任何信息资源)。

1.发挥阵地作用,推动全民阅读

"第十一次全国国民阅读调查"对我国国民倾向的阅读形式的研究发现,66.0%的成年国民更倾向于"拿一本纸质图书阅读"。从 2009 年到 2013 年的五年时间,有六成以上

(63.8%)成年人希望当地有关部门举办读书活动或读书节，推动经典阅读活动的开展。这充分说明，在人们经历全民经商、读书无用论后，在市场经济大潮中，重新认识到读书尤其是研读经典名著的重要性。阅读的质量与阅读环境是有关联的。作为全民阅读主阵地的公共图书馆要抢抓机遇，责无旁贷，积极倡导深入阅读、经典阅读，为全民阅读营造良好的读书环境，达到原总理温家宝所期待的那样："看到人们在坐地铁的时候能够手里拿上一本书。"要学习三联韬奋书店24小时不打烊运营模式，开辟24小时自助图书馆或服务区，为潜心夜读的读者提供不眠灯光，把公共图书馆打造成为城市的精神地标。

2. 利用科学技术，实现图书馆连锁

物联网被喻为信息产业革命的第三次浪潮。从单体馆的角度上，物联网能将馆藏通过射频识别（RFID）等信息传感设备与互联网连接起来，实现智能化识别、定位、跟踪、监控和管理。自助图书馆可以实现24小时全天候归还图书，实现自助借还，突破图书馆开放时间、地点局限，使图书馆近在眼前。上海社科院信息研究所所长、研究员王世伟论断，未来的图书馆应该是跨系统应用集成、跨部门信息共享、跨库网转换互通、跨媒体深度融合、跨馆际物流速递的服务与管理新形态，是书书相连、书人相连、人人相连的[4]。从这个角度看，未来的图书馆又会通过大数据技术，在一个地区、一个国家，甚至全世界所有图书馆实现馆馆相连、资源馆馆互通，形成全世界图书馆连锁、全球性协同服务，达到"天下图书馆是一家""一方有求八方支援"的盛况。

三、在服务内容上无所不能

在数字化浪潮下,无纸化的绿色发展已成为共识。未来的图书馆要通过数字化、网络化、信息化和大数据技术,以读者需求和人本管理为根本出发点和最终归宿,把绿色发展和数字惠民作为本质追求,把信息资源共享作为最终目标,智能化地调动馆、书、人等方面的资源,前瞻性、全面性地开展无处不在、无时不在、无微不至的智慧服务,实现图书馆价值和读者舒适度、满意度最大化。

1. 以用户为中心,提升知识管理与知识服务水平

未来的图书馆是以高质量的全媒体资源为核心,在先进的智能技术推动下实现馆员和用户协同感知与创新的高于数字图书馆的发展模式。未来的图书馆可以带来更高的服务管理质量、更具魅力的公共文化环境和更大的信息共享空间,大众阅读更加及时化、便捷化、动态化、碎片化、多媒体化,信息鸿沟将被彻底填平。未来的图书馆的知识管理与知识服务应该是一站式的,让读者感觉没有解决不了的问题。手机作为服务读者的终端,要成为联系读者与图书馆的桥梁,让非到馆读者有种"手里握着图书馆"的感觉,让图书馆真正成为读者无处不在、无所不能的强大的知识和信息后盾。并且,相对于杂乱无章的海量互联网信息,图书馆所提供的知识和信息服务是准确的、有序的、有据可查的、有后台支持的。

2. 培养开展嵌入式图书馆员(embedded librarian)服务

人是世间的主宰,图书馆又是通过人服务人的文化服务机构。未来图书馆对馆舍、资源、技术、管理、服务、馆员、读者等都提出更高更严的要求,最关键的是馆员队伍,这支队伍必须充满智慧,有较高的知识、信息和社交素养,具有迅速、灵活、正确地做出理解和处理的能力。能应用大数据做出正确的判断,以科学、全新、高速的方式提高对各种信息的分析、比较、提炼能力,逐步成为"用户问题的解决专家",更智慧地提供一站式服务[5]。嵌入式图书馆员(embedded librarian)服务是国外图书馆服务的主流模式和新的趋势。图书馆只有开展嵌入服务,走出物理的图书馆,到用户之中,嵌入用户的科研教学过程之中,才能增强图书馆和图书馆员在用户中的显示度和影响力,才会得到用户的认可和更多的支持。未来的图书馆还要牢固树立人才资源是第一资源的理念,加快立法进程,明确从业标准,建立职业资格认证制度和岗位聘任制度,要改革管理机制,打破职称、学历的条框限制,注重能力和实绩,实行公开竞聘,激发干事创业的工作热情,使各种有专业背景、有创新意识和工作业绩的年轻人脱颖而出,为图书馆事业发展提供新的活力。

第三节　本章结语

总之,泛在的网络社会使得世界日趋扁平,深刻地影响和改变着人类社会。在智慧地球、智慧城市概念和互联网、物联网、云计算、大数据等先进技术的推动下，未来图书馆必将是更加数字化、网络化和智慧化的图书馆，是在服务资源上无所不容、服务模式上无所不在、服务内容上无所不能的，就像当年人们使用"傻瓜照相机"一样方便自由而不受技术约束，信手拈来，随心而往。也只有这样，图书馆才能在瞬息万变的未来彰显全部价值，发挥更大的作用。

参考文献

[1] 中国出版网."第十一次全国国民阅读调查"成果发布［EB/OL］. ［2012 - 03 - 06］. http://www. chuban. cc/yw/201404/t20140423_ 155079. html.

[2] 初景利,杨志刚.物竞天择,适者生存——图书馆新消亡论辩［J］.图书情报工作,2012(11):6 - 10.

[3] 李浩.免费开放后的公共图书馆要逐步走向天堂——用星巴克理念打造"第三空间"的思考［J］.图书馆建设,2011(10):74 - 76.

[4] 王世伟.未来图书馆的新模式——智慧图书馆［J］.图书馆建设, 2011(12):1 - 5.

[5] 李浩.公共图书馆能为"中国梦"做些什么——基于美国图书馆协会"美国梦始于你的图书馆"项目［J］.河南图书馆学刊,2014 (6):2 - 14.

附录1 已发表的相关文章

［1］Wang Bing. Nanjing Library's Efforts on Intellectual Freedom［J］. Chinese Librarianship,2015(39).

［2］Wang Bing,Tang Xiaolu. A Case Study of a Joint Virtual Reference Network in Jiangsu Province,China［J］. Chinese Librarianship,2015(37):26 – 34.

［3］Wang Bing. Research on Functional Orientation of China's Provincial Public Library Service［J］. Journal of Library and Information Sciences,2015(3):33 – 41.

［4］李浩. 读者服务艺术是提高读者满意率的有效手段——全面免费开放环境下图书馆读者服务面临的问题及对策［J］. 图书馆论坛,2010,30(5):102 – 104.

［5］李浩. 免费开放后的公共图书馆要逐步走向天堂——借鉴星巴克理念打造"第三空间"的思考［J］. 图书馆建设,2011(10):74 – 76.

［6］朱志伟. 移动图书馆的兴起与图书馆员角色的转变［J］. 中国科技信息,2011(22):143 – 144.

［7］王兵. 提供、保存知识,造福人类社会——谈对美国图书馆使命的新感知［J］. 新世纪图书馆,2012(6):79 – 82.

［8］朱志伟. 浅论公共图书馆的投资与发散性收益［J］. 河南图书馆学刊,2013,33(1):112 – 113.

［9］丁勇. 公共图书馆少儿分级阅读研究［J］. 图书馆学刊,2013,35(4):97 – 99.

［10］王兵.公共数字文化建设中泛在图书馆理念的应用［J］.江苏图书馆之窗,2013(5):3－6.

［11］戴广珠.美国大学图书馆数字资源保存策略与实践分析［J］.图书馆学研究,2013(2):72－74.

［12］李浩.公共图书馆能为"中国梦"做些什么——基于美国图书馆协会"美国梦始于你的图书馆"项目［J］.河南图书馆学刊,2014(6):2－3.

［13］戴广珠.资源的变化与采访馆员的使命新思考——以南京图书馆为例［J］.晋图学刊,2014(5):20－23.

［14］李浩.云计算、大数据、数字图书馆与智慧图书馆关联研究——用大数据打造智慧图书馆的思考［J］.四川图书馆学报,2014(6):31－34.

［15］王兵.从年会看全国省级馆参考咨询工作的协同发展［J］.新世纪图书馆,2015(7):94－96.

［16］郑蓓怡.基于新公共服务理论的公共图书馆免费开放服务对策［J］.新世纪图书馆,2015(7):64－66.

［17］丁勇.依托共享工程 拓展技能培训——以江苏省共享工程分中心实践为例［J］.图书馆学刊,2013,35(10):101－103.

附录 2 相关译文

2013 国际图联会前特别研讨会材料
——新加坡国家图书馆管理局案例选译

琼·Gwee 博士 梁文松教授(新加坡公共服务学院)

d. 数字图书馆

随着现在的图书馆用户成为老练的互联网领航员,图书馆和图书馆员们也面对着诞生于数字空间的新一代用户。人们也渴望更好地利用日益增长的社交媒体和互联网力量。数字产品,例如新加坡信息百科,被加上了地理标签,让人们可以在网上找到基于位置的信息百科文章,并使文章内容更方便用户使用、与用户的关联更大且更容易被搜到。个人数字图书馆的应用程序已引入 Facebook,以便用户能通过 Facebook分享并访问图书馆资源。另一个叫"你口袋里的图书馆"的应用程序也已发布,它可以让手机用户在活动中访问精选出的图书馆服务。用户可以检索馆藏目录、保存文献、向馆员咨询、外借电子书,还可以下载"读吧!新加坡故事"里的精彩内容。这两种想法都倡议将新技术与图书馆用户不断变化的生活方式结合起来。

人们对目前的数字图书馆服务所做的修正与完善正努力适应飞速变化的社会形势。"电子图书馆中心"自2001年以来就是国家图书馆管理局数字图书馆的数字门户网站,但当新的国家图书馆大厦开张时,它退出了,被一个独立网站www.nlb.gov.sg所替代。这个新的数字空间被称为国家图书馆管理局数字图书馆,它将法人网站与之前存储在电子图书馆中心里的电子资源和服务结合起来。到目前为止,它拥有超过100个数据库中的220 000份电子期刊,还拥有大约129 000种电子书、电子杂志和图片。所有之前已有的网上事务处理程序,例如会员身份申请、会员资格续期、付费程序、到期提醒服务和文献续订服务,也被转移到这个网站上并提供给用户。

为了让数字图书馆更易被用户访问并改善导航服务,人们又做出了一些新的努力。其中之一是引入一个叫作国家图书馆管理局电子资源的门户网站,专门收集并定位所有存储信息,例如电子书、电子杂志、电子报纸和电子数据库,这些存储信息中有一些可以在www.nlb.gov.sg上预先查询到。这个网站成了继www.nlb.gov.sg(法人网站)、www.pl.gov.sg(公共图书馆网站)和www.nl.sg(国家图书馆网站)之后,第四个国家图书馆管理局网站的电子资源集合体。在此之前,国家图书馆门户网站集中了与新加坡有关的信息,而公共图书馆门户网站则集中了新加坡与第三方的相关信息。在国家图书馆管理局电子资源中,用户能在同一个门户网站里访问新加坡音乐网站(www.music.nl.sg)、新加坡报纸网站(www.newspapers. nl. sg)、新加坡图书网站(www. sgebook. nl. sg)和新加坡图片网站(www. pictures. nl. sg)。

一位在过去十年里曾领导开发国家图书馆管理局数字图书馆的前任项目经理,就数字基础设施建设过程中遇到的挑战进行了回顾:

"我们对于基础设施的全面建设有着美好的蓝图和详细的计划,然而建设过程却相当缓慢。实施过程中的难处在于技术更新的速度赶不上图书管理员和用户需求增长的速度。基础设施系统相当复杂,我们必须及时了解各种问题,以便改善下一代软件版本。同时,整个社会迈向数字时代的步伐越来越快。"

图书馆组织结构有不同的需要,使用者行为各异,他们响应技术进步的能力也因人而异,这使得改善后端系统和前端程序成为棘手的工作。2012 年,新加坡网络使用模式的数据表明,人们使用最频繁的是搜索引擎,例如谷歌、雅虎和必应,这意味着将国家图书馆管理局资料的元数据公布在万维网上成为未来的发展趋势,如此一来,人们使用搜索引擎就可以获得这些数据。国家图书馆管理局正在研究如何将数字空间从交易型和信息型发展到相关型。管理局面临的极大挑战除了在于如何统一文本格式,使用户能够在单一查询中搜索到所有文本。他们甚至还渴望将知识交流引进虚拟空间,这样就可以将传统实体图书馆组织的连续的互动式学习引入网络空间。如果这些研究都取得成功的话,用户将可以和来自传统实体图书馆以及数字图书馆的其他用户进行互动和分享知识。

2013 年及将来：未来的图书馆

2013 年，国家图书馆管理局已经开始下一阶段的发展，将自身定位为"终生使用的图书馆"，目标是"终生型读者，学习型社区，知识型国家"，发展战略如下：

- 推动阅读和学习，提高各年龄段新加坡人的信息素养；
- 发展下一代图书馆，使其成为自我教育和学习的社区空间；
- 在新加坡和区域文化中追求卓越，宣传亚洲大环境下的新加坡历史和文化；
- 改善数字图书馆，使其跟上日新月异的生活方式和社会的信息需求。

展望未来，国家图书馆管理局将继续尝试和再次想象图书馆的新形式。国家图书馆管理局主席 Elaine Ng 对未来图书馆的想象更具互动性和特设性：

"未来的图书馆将拥有超越实体书的很多文献，也将有更多合作空间，在这里你可以与他人坐在一起讨论事情而没有隔阂。如果学习正变得越来越具有互动性，那么人们就会希望有一个更加互动的教育空间。在图书馆的设计中互动的能力将更加突出，物理书架可能成为虚拟书架。"

更多新举措正在酝酿中，包括一个新的叫作新加坡历史网站的电子资源，它将用来展示新加坡历史和文化遗产。这是一个关于提高国民信息素养的国家项目，它教人们如何理解信息。这种弹出窗口式图书馆已经在纽约流行,并迅速遍及其他城市。

未来,图书馆将由社区管理,或者是图书馆的存在并不需要一个物理建筑。国家图书馆管理局希望图书馆用户作为一个合作方参与到图书馆的建设中来,而不仅仅是作为一个客户。图书馆和图书馆用户的关系正在改变,信息所在的空间也正在改变。国家图书馆管理局希望找到新的方法来掌握无形资产,去创造新的深度并能测量——它管理的内容的深度,它与图书馆用户和社区之间关系的深度,培养图书馆用户行为与感知的深度。

国家图书馆馆长 Gene Tan,自国家图书馆管理局成立以来就为其工作。对于国家图书馆管理局,他总结道:"回首过去,我们在国家图书馆管理局的第一个 10 年中所做的现在看来很容易解释和理解,但放眼前瞻,似乎不那么简单,事情不是那么确定,也有更多的探索。我们对图书馆的重要性有一个新的认识,它不只是在收集文献,或是让用户到馆查询,而是在改变人们理解信息的方式,并把人们聚在一起去理解新加坡的实际意义。"

（于霏译,王兵校）

新加坡图书馆的过去、现在和未来
（IFLA WLIC 2013 Singapore 会议材料）

弗朗西斯·卡多萨高级主管
（新加坡公共图书馆发展与合作服务部）

新加坡公共图书馆的历史可以追溯到 1823 年，新加坡第一所英语学校"莱佛士学院"图书馆的基石就是在那时得以建立。该图书馆之后便逐渐成为莱佛士博物馆的一部分，并最终于 1960 年在其成为国立图书馆后搬迁到了位于斯坦福德路的一座建筑物中。新加坡公共图书馆从此开始成为国家图书馆体系的一部分，并且它的每一个分馆也都成为斯坦福德路国立图书馆的分支。

国家图书馆管理局（NLB）成立于 1995 年 9 月 1 日，如今它监督管理着新加坡国立图书馆、公共图书馆以及国家档案馆。

公共图书馆经过漫长的发展道路才从国立图书馆的一个小分支机构发展成为今天的公共图书馆。当前公共图书馆内服务范围和基础设施已被开发用于支持生活总体规划的图书馆，而这个规划的目的是展望 2020 年的图书馆。

建立生活化的图书馆

为了提高国民学习能力，在图书馆 2000 年计划（该计划由图书馆评论委员会于 1996 年提出概念)中实施了一个覆盖广泛、雄心勃勃的建造计划,使图书馆更加方便并使信息更加容易获取。从最初只有 7 家公共图书馆开始,公共图书馆体系以惊人的速度不断扩张,迅速发展成为一个由 3 个地区图书馆、10 个中型图书馆和 20 个小型图书馆组成的 3 个层次的图书馆结构。

如今,中型和小型公共图书馆能提供信息和图书馆资料以及活动项目,以满足周边地区居民的日常需求。对居民来说,图书馆的便捷性最重要。

从另一方面看,具有包括参考资料及其服务在内的丰富馆藏的地区图书馆,能够满足更大范围和更专业化的信息需求。

唐人街上最新的图书馆于 2013 年 1 月 31 日营业,是一个专营中国传统艺术和文化的主题式图书馆,拥有其独特、精心选择的藏书资料。这是首家私营公共图书馆,其工作人员由志愿者组成。有望于 2014 年开始营业的第二家公共图书馆是位于新加坡商业中心果园路的果园路图书馆,这是首个使用设计思维规划并形成概念的图书馆。

新加坡的图书馆一直侧重如何重新定义和设计他们的空间。典型的例子是 2004 年为裕廊地区图书馆的"青少年图书馆服务"创造了一个专门空间,又称"接近青少年"(V. A. T)。该空间以及提供的服务皆由少年志愿者们进行规划、设计和管理。

另一个例子是在中央公共图书馆中的"竹园"。其设计最大限度地利用了图书馆的空间,使参观者既能观赏到园中的雕塑,又能见识到国家图书馆局的历史遗产——从先前斯坦福德路正面国家图书馆旧址建筑物拆来的 5000 块砖就在那里。

更令人兴奋的地方是"我的树屋",它是世界上第一个专为儿童建立的绿色图书馆,位于中央公共图书馆。这个环保图书馆的特色在于它的绿色藏品、绿色规划和绿色设计。

为改善生活的读者

提高新加坡人民阅读兴趣的目标一直以来都是公共图书馆文化和使命的组成部分。这个目标现在已成为国家图书馆局倡导"读书、学习和信息素养"的重要创举之一。在这一背景下,能够满足不同客户群体个性化需求的服务项目已经到位,并将不断发展来支持早期教育、青少年学习和成人文化学习服务。要实现这一目标和其他一些目标,与合作伙伴及与社区志愿者之间的协作已成为公共图书馆建功立业的重要支柱。

当前和计划中鼓励儿童读书的一些努力都与我们以往所采取的措施有所不同,如今的策略使用更加一体化的方法培训教育工作者,并在早期教育的发展过程中给父母们以支持。主题活动工具包允许教育工作者们使用故事书和其他视听教材激发孩子们的阅读兴趣。父母们可以使用教育支持包通过一些有趣的活动(包括说、唱、玩、读、写等)吸引孩子们投入阅读中。特别是一些低收入家庭的父母还可以接受一些现成资源用以教育孩子。

另外,公共图书馆正在为6岁以下的儿童以及他们的父母建立一个培养早期信息素养图书馆(在裕廊地区图书馆)。在这里,父母们可以学习早期信息素养实践知识,这将有助于开发他们孩子的预读能力。为此,公共图书馆正与其他一些有类似想法的机构协同为公众提供活动项目、资源以及服务。

对于我们的图书馆而言,要吸引青少年非常具有挑战性。我们与教育部合作,在2010年到2011年间把14所学校作为试点开展全校阅读活动项目,进行了覆盖全面的阅读活动,并且这个项目还会在未来五年扩展到330所学校,以便加强和提升学生的信息素养和能力。

新加坡的老年化人口使得我们特别注意提供这种活动的必要性。除了提供大字体的书籍,图书馆现在正在探索和提供更加适宜于老年人的内容和格式,例如音像书籍和电子书。要使老年人能够便利地使用图书馆也非常重要。一批图书馆员正在努力把图书馆的服务扩充到图书馆之外那些老年人聚集的地方,例如康复中心、医院和家庭。

为此,2012年11月,兀兰地区图书馆设立了银色国际视听展枢纽站。这个枢纽站是与新加坡国际视听展发展局联合建立的,旨在为老年人创造一个学习空间,让他们可以在这里学习计算机技术,如网游、网上社交和编辑照片或图像材料。银色国际视听展热点区已经建立起来,以此鼓励老年人更多地利用多媒体站点以及网络服务。

创造性阅读项目

在艺术与文化策略评论（ACSR）的影响下，"读、写、说"成为一项全民读书与说书运动，遍及学校里的读书俱乐部、社区和各种机构，如写作团体及其活动项目。此项运动旨在培养群众的阅读兴趣，提供写作和讲述关于新加坡故事的机会。成立较久的读书小组注重阅读与分享，因此这项新运动使群众可以向 25 个读、写、说团体递送作品。

国家图书馆管理局在 2005 年发起了有史以来的第一次全民阅读倡议"读吧！新加坡"。它源自世界上多个非常成功的读书活动项目，鼓励公共阅读，并对所选故事进行简单便利的讨论。"读吧！新加坡"的目标读者最初是年龄在 15 岁以上的新加坡居民。2012 年又把年龄范围扩大，包括了 7 至 14 岁更小年龄的读者，并引入增强版"手机阅读"，允许免费访问所选内容，使移动阅读成为可能。

"儿童阅读"是一个国家项目，它与人民协会、社区自助团体一同促进 4 至 8 岁的来自低收入家庭的儿童提高阅读兴趣、养成良好阅读习惯。15 岁及以上的志愿者构成了儿童阅读项目的主力。他们为中心、幼儿园、家、福利组织以及小学的阅读俱乐部的儿童朗读。2012 年，该项目提出完成小学二年级学业以前的儿童都应继续参加儿童阅读项目，取代了先前参加活动满一年就退出的做法。

创建下一代图书馆

读者的不断发展和他们对生活的需要，要求我们创建下一代图书馆。这个目标包括进一步发挥图书馆的作用,使之成为深受读者喜爱的地方,以及向每个人提供公平的学习知识机会,也要求图书馆作为公众参与的社会连接点来进行服务。

主题图书馆

为了发展下一代图书馆,以现有公共图书馆大的网络为基础,图书馆已经开始建立主题图书馆。这是为了迎合阅读公众越来越多的兴趣爱好,以及鼓励公众对于专题领域的更深层次的阅读和学习。

例如,裕廊地区图书馆将自己定位成一个环境主题图书馆,致力于发展绿色环保、可持续发展、循环利用和保护领域的特藏、项目、展览、设施及服务,并在此领域的深度和宽度都要高于新加坡其他公共图书馆。

亚洲儿童文学馆藏图书于 2012 年 4 月在兀兰区域图书馆亮相,共 23000 册图书,包括 800 册手写本,以及各种亚洲语言的绝版和经典童话。这部分藏书已经被联合国教科文组织列入国家级和国际级重要馆藏目录。

其他主题如淡滨尼地区图书馆的金融类文献,2013 年 4 月增添了"SGX 投资知识门户"学习设施。这套学习设施来自合作伙伴,可以通过其提供的互动性金融工具来获取有关个人金融计划的信息,以及商业、金融馆藏图书和免费的金融知识项目信息。

移动图书馆

移动图书馆服务于 1960 年由两家移动图书馆共同发布，用来作为图书馆服务的延伸。由于不足的图书馆分馆无法服务日益增长的人口，移动图书馆服务点逐渐增长至 12 家，为大约 20% 的公共图书馆读者服务。最终，在开设了 8 个图书馆分馆后，移动图书馆服务逐步减少并于 1991 年结束。

2008 年，莫莉(是在定做的巴士上的移动图书馆)面世，它提供无线移动图书馆服务，特别针对图书馆服务欠缺的地方。升级版莫莉于 2012 年投入使用，进一步扩展了图书馆的覆盖范围并服务更广大的社区。升级版莫莉的新特征包括采用 8 个 iPad 作为访问电子资源的入口，有一个内置还书箱，还有升级的借书站点提供多达 3000 件馆藏文献供访问者借阅。参观莫莉通常有讲故事、布偶戏以及其他活动。未来的计划包括设立一个微型移动图书馆以服务莫莉不能去的地方，比如无法容纳一个大型巴士的一些学校、会场。特殊教育学校是莫莉的主要目标之一，但也会访问孤儿院、学校和家庭。

作为社会接触点的公共图书馆

所有的公共图书馆都被定位为社区的社会接触点，供市民进行互动或者有机会在艺术、文化上进行合作、创作或鉴赏。

为了给新加坡人提供了解不同艺术形式的正常机会，开展"艺术与文化"系列活动共 101 场，包括各种形式的表演、研讨会、演讲等。这些活动影响了作为社会接触点的图书馆，并由新培训的文化管理员（回答有关艺术和文化问题的图书馆员）组织和提供帮助。

数字图书馆倡议和新媒体

各地的公共图书馆都面临如何在自己优先领域投入数字时代和适应新技术的问题。公共图书馆在社会媒介有着积极的表现。

最早尝试是 2007 年为了纪念果园路图书馆的迁移新建了博客。还有一个图书馆博客以音乐、舞蹈、戏剧和电影等内容为主要特征，由滨海艺术中心图书馆的表演艺术图书馆策划。

其他博客如 High Browse Online 推荐优秀读物和提供图书和其他读物的更新。Read & Reap 博客提供文学文本的摘要来激发读者的进一步阅读，从而形成提问和对话。这个博客还提供适合家长和教育工作者的海报和工具。ASK 博客（"用新加坡公共图书馆积极获取知识"博客）列出了通过 ASK 收到的有趣提问，这是一个设在公共图书馆的咨询和问询服务项目。

此外，每个图书馆都有它们自己的 Facebook 账户，同时还有一个新加坡公共图书馆 Twitter 账户和 Instagram 账户，这些都启动于 2012 年。

与作为志愿者的合作伙伴、公众和社区之间的协作，已经成为公共图书馆成就事业的一个支柱

"读吧！新加坡"活动拥有自己的网站和 Facebook 网页，以此来提升大众阅读的主动性。志愿者有他们自己的图书馆门户网站朋友，通过这些网站他们可以寻找和选择志愿者工作，同样，他们也有一个 Facebook 网页。

自 2012 年以来，勿洛公共图书馆免费提供 iPad、Kindle 和有声电子书（Tumble Books Playaways）的借阅，红泥山公共图书馆免费提供 iPad 让公众借用，从而丰富读者的阅读体验并向他们揭示了一个新的阅读平台。

"唯一不变的就是变化。"——赫拉克利特

随着人们获取和分享信息方式的变化，图书馆的空间在未来会有更多的变化。这个不可避免的事实，已经导致正在一个新计划中被概念化的公共图书馆的发展进入到下一个阶段，而这个计划就是图书馆 2025 年计划。对这一计划的需要基于这样的事实，即在 2014 年完成图书馆的 2000 年计划，改变用户需求和实现技术上的改进，以及 2025 年新加坡人口达到预期的增长。

移动设施以及网络对人们获取信息的方式产生了巨大的影响。即时满足和即时获取信息已经非常普遍。人们信息消费的方式已经改变。人们从信息中进行抽取、重用和重新组合从而创造和使用新的信息。结果是，一个融合了重新组合内容的新产品，通过社会媒介或其他渠道被更广泛的社区分享。正因为技术的迅速变化,图书馆正努力帮助他们的用户提高掌握信息的能力和数字素养。

图书馆 2025 年计划主要有两个策略。首先,要创设满足社区成员不同人生阶段需求的图书馆。这一策略将要求公共图书馆硬件网络的扩张,以及确保图书馆位于较便利的位置,从而使得所有新加坡人都可以享用图书馆的资源、服务和活动。

第二个策略是重新改造图书馆让它焕然一新。这是改进图书馆空间和服务计划的部分内容,目的是根据学习需要,提高人们新的素养,改变学习行为。要实现这种重塑的未来愿景,不仅需要合作伙伴的协作,也需要同位图书馆之间的扩展。目标是将资源最优化,提高服务推送的协同作用和效率。

未来图书馆,是一个将阅读、生产、创造作为学习整体过程的空间,在这里鼓励协作和面对面地分享信息。图书馆的目的是将有各种兴趣爱好和背景的人集合到一起,从而建设充满朝气和创造力的社区。同时,灵感、思考和沉思在创新过程中同样重要。正因为需要满足不同学习形式和不同用户群体的需求,图书馆空间应当是具有可塑性的,一方面提供安静的、私密的空间,另一方面也是一个生机勃勃、充满创造性的休闲和社交场所。

展望未来以及新计划的实施,对公共图书馆来说既令人激动也具挑战性。变化是永恒的,我们期待着多样化的活动项目得以激情地展开。

（郑蓓怡、穆晖译,王兵校）

图书馆积极保护土著社区文化

约－麦吉尔(澳大利亚北领地图书馆总监)

澳大利亚北领地拥有特殊的行政状况,这里地广人稀,人口只占澳大利亚的百分之一。在领地的 21 万居民中,约有三分之一的人口是土著居民。大部分土著居民居住在被称为社区的偏远小镇中。在那里,众多复杂的社会原因造成了各种贫穷与困苦。对于很多原住民来说,英语只是第二、第三,甚至第四语言,非常多的人只具有极低的英文识字能力。与此同时,北领地却拥有庞大的青年人口:在 2010 年,14 岁及以下人口占总人口的23%。

这篇论文将阐述北领地图书馆如何完成文化传承的任务。这个任务帮助所有居民连接过去,贡献现在,以及准备未来。该馆馆藏包括超过六万年历史的非物质文化遗产,这些非物质文化遗产主要由口头方式传承。因为在北领地分布了100 余种语言及方言,这是一个十分艰巨的任务。

北领地图书馆同时支持澳大利亚北领地所有公共图书馆及知识中心的运营。不同于大都市所提供的一般、主流的公共图书馆服务,较小社区的居民往往发现图书馆和知识中心项目更加符合他们的需求。

图书馆与知识中心项目使用社区储存数据库帮助土著居民保护与分享包括濒危语言在内的文化遗产。社区成员使用图书馆提供的科技设施保存数字录音、图像、视频,以及土著语言或英语的故事与歌曲。这个项目的另一重要部分是创造及捕捉当代流行分化。本地社区通常并不拥有他们当代社会史的纪录,因为很多社区并没有本地报纸,而且因为众多原因,家庭也很难长期保存个人相册等资料。

这篇论文还将集中介绍北领地图书馆在以下项目的成功经验:通过为婴儿制作双语书籍及提供数字故事阅读机支持文字早教。孩子是这些项目成功的必需因素,幼儿年代的教育更好地将整个家庭包含入计划当中,也可以更佳地帮助文字教育代代传承。

（戴广珠译,王兵校）

保护可能失去的口头历史记录

撒马尔 – 库图布(巴勒斯坦塔木耳社区教育学会社区图书馆网络协调员)

塔木耳社区教育学会是一个建立于 1989 年的非政府非营利组织。该学会为解决巴勒斯坦社区第一次起义中的紧急需求而建立。这些需求全部自然且必要,其中最重要的是获取知识的需求,这意味着帮助人们学习从而提高生产力。

教育、认同、自由表达与获取知识的权利是塔木耳学会的主要关注方向。塔木耳学会在约旦河西岸和加沙地带帮助孩子与青年人获得正常教育的替代及补充。这篇论文解释了塔木耳项目如何通过倡议社区发展,提升国家与地区的阅读及写作水平,发展儿童文学,以及创造力自我表现和青年认同。

这篇论文简要总结了使用技术工具保护当代文化的未来发展关键战略。其中包括使用移动数字化终端,制作属于自己的电子书,以及收集口头、视频历史及艺术。

(戴广珠译,王兵校)

附录3 南京图书馆"十三五"事业发展规划

前　言

《中共中央关于制定国民经济和社会发展第十三个五年规划的建议》指出,"十三五"时期世界多极化、文化多样化、社会信息化深入发展,但基本公共服务供给不足,人们文明素质和社会文明程度有待提高。图书馆作为公共文化事业的重要组成部分,身负公共文化服务和公共文化教育的使命,任重道远。

南京图书馆有百年以上历史,2007 年是南京图书馆发展史上的一个重要节点,这一年,举办百年庆典,新馆正式开放,时值"十一五"规划中期,各项工作方兴未艾。

此前,从江南图书馆到南京图书馆,一百年来,风云变幻,星霜屡移,但南京图书馆珍藏典籍、服务公众的精神始终如一。在"第一个百年"中,经过几代人的持续努力,南京图书馆藏书宏富,人才辈出,业绩斐然,成为国内第三大馆,成就了百年基业。

此后,南京图书进入"第二个百年"新时期,一切从"新"开始,新馆新气象,新政新举措,"十一五""十二五"规划相继完成。十年来,南京图书馆锐意改革,推陈出新,成果丰硕,在全省乃至全国图书馆事业发展中,日益发挥着举足轻重的作用。

今天,我们进入了"十三五"时期,但仍然处于"第二个百年"的初始阶段,"企者不立、跨者不行",一切工作唯有运筹划策,目标明确,循序渐进,才能有所成就。为此,基于前瞻性和可行性考虑,结合图书馆"第二个百年"发展远景,我们制订《南京图书馆事业发展"十三五"规划》,勾勒未来五年事业发展蓝图。

一、回顾展望

"十二五"期间,南京图书馆各项工作有序开展,取得了良好的成绩,积累了丰富的经验,为未来五年工作的开展,创造了更好的局面。

(一)"十二五"业绩略述

五年来,在南图全体干部职工的共同努力下,我们的工作达到了预期目标,南图综合实力得到进一步加强,离"国内一流,国际先进"的总体目标更近了一步。五年来的工作业绩主要体现在五个方面:

1.厚植根基,提升服务

年均采购图书20万册,五年来累计采购图书100万册,截至 2015 年年底,馆藏纸质书籍达到 1092 万册,电子书籍达到 140 万册,自建和外购数字资源达到 78.2TB。年均接待读者 300 万人次,五年累计接待读者 1500 万人次,截至"十二五"末,共办理读者借阅证 50.3 万张。

完成读者自修室、电子阅览室的改造并实行免费开放,其中读者自修室为全国三大馆所独有,深受读者欢迎,社会反响良好。为进一步满足读者自修需求,又增加 180 个读者座位(45 张阅览桌),截至 2015 年年底,我馆自修座位总量已达 600 个,同时,在一层大厅等公共休闲区域也增加 320 个座位,休闲座位总数达 500 个以上。

建成并开放江苏作家作品馆,构建作家与读者交流平台,自开馆以来共举办 14 场知名作家的读者见面会,参加读者 1500 人次。将原"视障人书刊借阅室"从一层搬迁至负一层西门边对外开放,方便盲人读者出入。

多次通过拍买的方式补充了一批较为珍贵的古籍文献,其中宋刻本《礼部韵略》成为新的镇馆之宝。2014 年购入影印本《四库全书》并开放专藏室供读者研究阅览,引起社会广泛好评。

连续五年进驻江苏省两会,现场为代表委员提供信息咨询服务,形成了良好的口碑。五年来为代表、委员共办理借阅证 600 多张,发放各类参考资料 9100 多份,提供咨询近 7000 人次。牵头重建由全省 79 家图书馆参与的"江苏省公共图书馆联合参考咨询网",入选江苏省 2015 年度信息化示范工程。

2. 举办活动,引领阅读

每年举办一届"南图阅读节",至今已举办六届,通过主题论坛等形式,吸引了大量读者参与,产生了较大的社会影响,形成了品牌效应。

持续举办"南图讲座",并形成品牌,五年共举办 651 场,听众达 25 万多人次,先后 3 次被省委宣传部表彰为"江苏优秀讲坛",2012 年进一步推出"南图讲座基层行"活动,到全省各地开展巡讲,广受各地图书馆和读者欢迎。五年来,共举办主题展览 69 场,观众达到 97 万人次,有效提升了馆藏书籍的利用率。

每年举办一届"陶风图书奖"评选。"陶风图书奖"从本省当年出版图书中选出优秀出版物,向读者推荐,目的在于关注江苏地方出版物、推荐优秀图书,促进全民阅读。从 2011 年至 2015 年,先后公布了五届"南京图书馆陶风图书奖"评选结果,受到多方关注,产生了较大影响。

3. 研究课题,开发馆藏

多项科研成果获得国家和省部级课题立项和奖项,其中,《江苏经籍志》项目是南京图书馆历史上首次成功申报的江苏省社会科学重大基金项目,《南京图书馆藏稀见方志丛刊(全一百七十册)》获评为江苏省第十三届哲学社会科学优秀成果奖一等奖,文化部重点课题《公共文化单位免费开放与公益性服务研究》被专家评为优等。

积极组织发动全省各级图书馆参加每年的中国图书馆学会年会学术论文征集活动,五年来,江苏累计提交征文 949

篇,获奖460篇,省图书馆学会和南图多次以排名第一的成绩获年会征文活动优秀组织奖。

先后评选出"南图馆藏古籍文献十大珍品"和"南图馆藏民国文献十大珍品",引起社会广泛关注。出版《南京图书馆藏珍贵稿本丛刊》《二十世纪三十年代国情调查》《南京图书馆藏稀见地方志丛刊》《中国近代人物像传》等典籍。

4. 保护文献,共享资源

与金陵科技学院合作,成立"文献保护所",与莫愁中等职业学校合作办学,为两校提供师资力量,接受两校学生实践,推广古籍修复技术。多次举办历史文献保护工作会议,就古籍保护和民国文献保护工作,总结经验,交流探讨;坚持做好每年的古籍普查工作,编辑出版四批次《江苏省入选国家珍贵名录古籍图录》。

全省古籍普查登记目录工作有序进行,截至"十二五"末,我省已完成古籍普查登记目录工作的单位数量及古籍数据总量,在全国均名列前茅。

五年来,在全省共建成开通56个"南京图书馆流通服务点",得到业界专家的一致肯定。承担并完成重大视频拍摄专题共5部,总计112集。对全省各级公共图书馆进行馆情调研,完成并发布"十二五"期间第一份全省馆情统计调研报告《江苏省公共图书馆基本馆情数据统计报告》。

5. 深化交流,拓展合作

与台湾汉学研究中心联合举办两次"玄览论坛",围绕"中华传统文化的价值追求"主题,对传统文化做出通俗易懂的当代表达,赋予新的时代内涵,此举促进了两岸文化交流,弘扬了中华优秀传统文化,提高了民族自信心。

多次承办全国和全省性数字文化工程、古籍保护工作、信息技术应用等方面的会议和培训,与业界同行进行了深入的业务交流,学习其他馆的先进做法,介绍本馆的经验,推动各方面的业务建设不断取得新的成果。

与美国国会图书馆就扩大图书和数据库交换、与亨廷顿私人图书馆就互派技术人员考察学习等,交换了意见并达成意向;与美国马里兰大学就文献交流、古籍修复等合作项目展开会谈,达成意向;与OCLC(联机计算机图书馆中心)签订战略合作协议,成为OCLC成员馆,并多次接待OCLC相关领导访问交流。

"十二五"期间这些成绩的取得,离不开省委、省政府和省文化厅的领导,以及全馆干部职工的共同努力,这些成绩为我馆带来了若干荣誉和奖项。

"十二五"期间南图所获重要荣誉奖项一览表

年份	荣誉或奖项名称	授奖单位
2011	模范职工之家	中国教科文卫体工会委员会
2012	全国文化体制改革工作先进单位	中共中央宣传部
	《中国古籍总目》编纂出版突出贡献奖	国家新闻出版总署

续表

年份	荣誉或奖项名称	授奖单位
2013	廉政文化教育基地	文化部
	江苏省文明单位	江苏省委省级机关工作委员会
2014	"文化志愿者基层服务年"示范项目("传递书香 见证成长"志愿服务)	中华人民共和国文化部
	"全省宣传思想文化工作"创新奖(建立法人治理结构新模式)	中共江苏省委宣传部
2015	全国五四红旗团支部(第一团支部)	共青团中央
	社会主义核心价值观教育实践基地	中共南京市委宣传部

(二)"十三五"形势简析

"十三五"期间,公共文化事业尤其是图书馆事业发展面临种种机遇,我们将研判国内外业界形势,研读国家和地方政策,了解社会需求,抓住发展机遇并最终实现图书馆功能的转型升级,实现五年规划的总体目标。

1.业界形势

根据国际图联(IFLA)发布的报告,近年来,国际图书馆界在推动数字化进程,关注可持续发展能力建设,实施图书馆推广计划,以及保护和保存图书馆的文化遗产这四个方面用力最多。可以预见,在未来几年甚至更长时间内,这几方面的工作仍将是世界各国图书馆所关注的重点。

当前,社会信息技术发展日新月异,世界各国图书馆都十分重视数字信息资源建设,纸质文献和电子文献在资源收藏中的比例呈此消彼长的趋势,未来五年内,馆藏资源数字化的速度将越来越快,比例将越来越高。同时,资源数字化将引起图书馆结构和功能的调整与变革,以跟上时代的发展和变化。

全球化是当今世界经济和文化发展的共同趋势,图书馆事业的发展也与此相适应。全球化要求图书馆必须具备可持续发展能力,而这一能力的增强要求图书馆未来在开放、交流、合作这三方面应具有更高的水准,目前国内图书馆的开放程度日益提高,交流合作日益频繁,馆际关系日益密切,"十三五"期间,这种状态将稳中有升。

信息检索、传递和保存方式的变化深刻影响到了社会大众的信息需求速度、广度和深度。为满足公众需求,得到社会的接受和认可,目前国内各大图书馆均开通了微博、微信等新兴社交媒体账号,开发了移动服务客户端,在服务读者的同时加大宣传推广自身的力度。"十三五"期间,这些新技术在图书馆的宣传推广中将会得到更为精准和全面的应用。

数字化技术的运用,一方面深刻地影响到馆藏资源和服务方式的变迁,另一方面也深刻地影响到图书馆文化遗产的保护和保存方式,目前国内外图书馆馆藏珍贵典籍的数字化工作经过多年积累,已卓有成效。"十三五"期间,随着数字化技术的进一步发展,文化遗产数字化的进程将加速推进,不需太久将最终实现馆藏珍贵文献完全数字化。

2.政策保障

十八届五中全会通过的《中共中央关于制定国民经济和

社会发展第十三个五年规划的建议》专门部署了文化建设的总要求和根本任务,图书馆作为文化事业发展的重要部分,"十三五"期间必将面临更高的要求,承担更多的任务,但也会得到更多的机遇,体现更大的价值。近期,国务院公布《中华人民共和国公共图书馆法(征求意见稿)》向社会公开征求意见,这表明不久的将来("十三五"期间),我国第一部图书馆法将正式公布,图书馆事业的发展将走上有法可依的轨道,各方面的保障将得到切实的加强。

"十二五"末,省委省政府提出了"三强两高"的目标定位,为全省文化事业的发展确定了具体的方向,这意味着"十三五"期间,全省图书馆事业的发展有了明确的大方向,可以有的放矢地开展工作。同时,作为文化领域一项重要的基础性立法,由省文化厅起草拟定并经省人大常委会第十九次会议通过的《江苏省公共文化服务促进条例》已经实施,该《条例》是党的十八大以来,在公共文化服务体系建设方面全国首部地方立法,具有较强的针对性和可操作性。南京图书馆是全省公共文化服务的重要阵地和对外窗口,"十三五"期间各项工作的开展可从《条例》中得到支持和保障。

二、思想战略

(一)指导思想

全面贯彻落实党的十八大和十八届三中、十八届四中、十八届五中全会精神,以马克思列宁主义、毛泽东思想、邓小平理论、"三个代表"重要思想和科学发展观为指导,深入贯彻习近平总书记系列重要讲话精神,坚持"创新、协调、绿色、开放、共享"的发展理念,根据社会文化发展形势和社会公众的文化需求,继承和发扬南京图书馆的优良传统,为加快构建现代公共文化服务体系,促进基本公共文化服务标准化、均等化,建设"强富美高"的新江苏,复兴中国文化做出新贡献。

(二)总体目标

围绕"迈上新台阶、建设新江苏"的战略目标,全面推动各项工作的开展,努力使我馆成为信息资源的重要基地,成为惠民服务的重要窗口,成为文化交流的重要平台,从而在"十三五"末实现"国内一流,国际先进"的总体目标。

——通过开展"国学馆""馆史馆""少儿馆"等"馆中馆"的建设,调整南京图书馆布局结构,突破图书馆的传统业务范围,实现图书馆功能和作用的不断扩大,不断满足公众多样化的文化需求。

——通过"陶风采"项目的推进和"书店"项目的建设以及其他一系列举措的推出,促进图书馆与书店、博物馆、文化馆等相关行业的交叉融合,实现以文利民、以文便民、以文惠民乃至以文化民的目的。

——通过信息采编工作的调整和重组,全媒体和新技术的应用,打破传统的工作格局,打造"第二采编部",实现信息资源收藏和阅读的高度数字化,以及信息资源开发利用水平的进一步提升。

——通过改造历史文献修复室加强古籍修复能力,同时加强古籍整理和保护,实现珍贵文化遗产"藏"与"用"的有机统一,发挥古籍在传承中华文化、提高人民群众思想道德和文化素养、增强民族凝聚力等方面的作用。

——通过《江苏经籍志》、"江苏文脉整理与研究"等一系列重大项目和工程的推进,整理典籍书目和文献资源,实现江苏地域特色文化的梳理和保存,不断提升团队的创新能力和研究水平,促进文化自觉与文化自信。

(三)主要目标

为实现"十三五"总体目标,确立四个方面的主要目标:

1. 充分发挥南图功能作用

作为全省文献信息资源保障与服务中心,"十三五"期间,南京图书馆将积极贯彻落实国家文化部、省委省政府和省文化厅的文件、会议精神以及工作指示要求,立足根本,履行职责,充分发挥公共文化事业单位的功能,提高文化精准服务水平,为政府决策提供信息保障和支持,为读者各类信息需求提供专业服务,优化藏书结构,把文化惠民落到实处。

2. 全面提升南图整体实力

图书馆本身是文化事业单位,因此"软文化"在事业发展中的作用尤为重要。"十三五"期间,南京图书馆将着力加强软文化建设,提高员工的信心和实力。在"十二五"已取得成就的基础上,开展以"玄览论坛"为主的一系列学术交流活动,依托重大项目和课题,进一步拓宽与国内外图书馆、高校图书馆的合作领域,强化合作关系,提升南图的业界影响力和社会影响力。加大重要课题和项目的研究力度,做到以工作带动研究,以研究促进工作,争取课题和项目的研究成果能切实有效地转化为工作推动力,同时加大馆藏资源的开发力度,发掘具有学术价值、史料价值的文献,为高层次学术研究提供参考,充分展现南图工作的学术性和专业性。加强文化资源的数字化建设,统筹规划、协调管理全省地方特色资源建设,充分体现省馆的龙头作用。加强人才队伍建设,提升员工的整体从业素质。加强全媒体技术的研究和应用,加大图书馆各项工作的宣传力度。

3. 持续优化读者阅读体验

发挥南京图书馆阅读基地的重要功能,举办各类专题的读者活动,着重开展"南图阅读节""陶风读书会"以及节假日阅读系列活动,引领积极向上、向善的阅读风气,力求提高学术性、艺术性书籍的借阅率,促进全社会形成高雅的阅读气氛。通过调整馆舍布局,增设阅览桌椅,改善阅览环境,采编优质书籍,优化服务流程,添置先进设备等提升服务能力和水平,让读者切实感受到在南图阅读的高效便捷和身心愉悦。

4. 切实增强南图内在动力

图书馆事业能否取得长足发展,有赖于图书馆内在动力的增强,而内在动力的增强取决于从业人员的整体工作状态,"十三五"期间,我们将推出多项措施,改善职工工作状态,增强南图内在动力,从而推进图书馆事业高效发展。同时,以南图事业发展和业务工作需求为导向,通过多种方式和渠道,选用优秀人才,创新机制,擢用干才,使有能力、有想法,作风务实的员工有机会进入管理岗位,激发职工的工作热情,形成良性的竞争氛围,推动南图工作扎实稳健地开展。

(四)主要指标

"十三五"期间主要发展指标一览表

序号	主要指标	2015 年	2020 年
1	实体文献总量	1092 万册	1260 万册
2	数字资源总量	78.2TB	300TB
3	网络资源采集	—	30—40 万条
4	"陶风采"项目购书	—	40 万册
5	数字资源采购经费占比	18%	25%—30%
6	古籍数字化扫描	5629 种	10000 种
7	古籍修复	900 册	1250 册
8	"南图讲座"视频拍摄	1000 部	1400 部
9	地方报纸图文数据库扫描	11 万页	13 万页
10	民国连环画图片数据库	11.7 万页	80 万页
11	科技查新审核员国家资质	—	3 名—5 名
12	引进硕士研究生以上学历人才人数	34 名	64 名
13	获聘研究馆员职称员工人数	21 名	30 名
14	省"333 工程"人才	1 名	2 名
15	"五个一批"人才	1 名	1 名
16	省突出贡献中青年专家	2 名	1 名

续表

序号	主要指标	2015 年	2020 年
17	国务院政府特殊津贴	1 名	1 名
18	志愿者服务	5 万小时	11 万小时

<h1 align="center">三、精品工程</h1>

"十三五"期间,我馆将从购书、编书、借书、藏书、收书、护书、研书以及增书这八个方面实施"精品工程"建设,其中尤其重视图书馆功能的扩展和延伸。

(一)"馆中之馆"创建工程

1. 完成"国学馆"建设

"十三五"期间,创新阅览方式,将古籍阅览室与国学专题阅览室合并,建成新的国学馆,馆内藏有全套影印本文津阁版《四库全书》,港台版影印古籍文献,南图古籍电子版等,该馆建成后将集阅览、展示、活动、交流及研究于一体,成为南京图书馆传承和弘扬传统文化的重要场所。国学馆的建设,一方面是遵循习近平总书记"让古籍里的文字活起来"的指示精神,另一方面是继承南京图书馆前身江苏省立国学图书馆的国学特色传统。

2. 完成"馆史馆"建设

南图建馆百年,历史悠久,"十三五"期间,将拓展图书馆传统功能,建设"馆史馆",以实物、图片、文字以及视频形式,多角度、全方位展示南图一百多年来的发展历史,展现南图文化的深度与厚度,引导读者了解南图历史的百年风雨,增强南图职工的归属感和使命感。

3.完成"少儿馆"建设

改造并扩建少儿书刊借阅室,建成少儿图书馆,打造少儿图书馆界的示范馆。建成后的少儿馆,共有八个功能区域,包括电子资源学习区、家长等候区、学习讨论区、多功能培训区、文献阅览区、电脑学习区、录音区和员工服务区,同时将以往6至15岁的入室年龄扩展至0至15岁,实现少儿借阅服务全覆盖。针对不同年龄段少儿的阅读需求和特点,调整完善书刊资源,提高文献使用率,组织阅读活动,编印阅读书目,加强导读工作,最大限度地为小读者提供便利。

(二)"文化传世"研究工程

1.完成《江苏经籍志》项目

《江苏经籍志》是南京图书馆历史上首次成功申报的江苏省社会科学重大基金项目。该课题以江苏历史文献的载体和价值为研究内容,深化江苏省内典藏文献的相关研究,实现对江苏历代文献的梳理与把握,同时进一步推动全省古籍整理工作的开展,"十三五"期间,南图将不断深化《江苏经籍志》"全""精""深""准""特"的研究特色,为研究江苏地域历史、传承江苏优秀传统文化奠定文献基础,为江苏建设文化强省提供有力的文献资源保障。

2.组织实施省委省政府重大文化工程"江苏文脉整理与研究工程"

该工程是江苏历史上首次全面系统梳理江苏文化发展脉络、展现深厚文化底蕴的文献整理与出版研究工程,自2016年启动,到"十三五"末形成重要阶段性成果。"十三五"期间,南图在此项工程中主要承担书目编纂任务,将做好工程所需文献资源的服务保障工作,同时也将积极开展"文献之道"的研究,此项工程是国内同类项目中规模最大的文化工程,将奠定南图未来一百年在古籍文献领域的地位,在江苏文化发展史上具有里程碑意义。

(三)"资源采集"重组工程

加强网络信息资源采集工作。根据"十三五"期间信息技术发展形势和社会需求,调整传统文献资源采集方式,重组相关部门信息采集业务格局,明确网络信息资源采集与保存的目标、原则和方式,加强江苏地方网络资源采集工作,每年完成2—3个专题内容的采集保存工作,每个专题平均每年3万条记录,5年共计30—40万条记录,内容涵盖政务、文化、经济、教育等具有江苏地方特色的信息资源,在已有的专题基础上,形成更为完善的地方专题体系。

(四)"精准服务"打造工程

1.推出"陶风采"服务项目

该项目是落实省文化厅"精准服务"要求的重要举措,可实现读者直接在书店以借阅证"购借"图书,同时完成该书的采访信息和读者借阅信息的自动录入,解决传统图书馆新书采编过程漫长不能及时上架流通的问题,也可简化图书馆采编流程和读者借书流程,提高服务效率。"十三五"期间,南图拟投入超过 1000 万元"陶风采"购书经费,通过此种方式采购约 40 万册图书。

2. 改善工作环境

"十三五"期间,不但注重服务读者,也将注重服务职工,了解职工需求,关注职工健康。将西门原有喷泉水池改造为健身广场,建成羽毛球场、半场篮球场,优化"职工之家"内部设施,购置健身器材,为职工强身健体提供便利条件,定期举办体育活动和职工运动会,提高职工身体素质,提升职工精神状态,实现劳逸结合。同时美化馆舍内外设施,改善整体人文环境。

(五)"储备书库"建设工程

《江苏省国民经济和社会发展第十三个五年规划纲要》已正式发布,其中"南京图书馆储备书库"被列为文化民生建设重点工程。储备书库的建成,可为图书馆事业的可持续发展提供最基础的保障,从而进一步巩固南图作为国内藏量第三的图书馆地位。"十三五"期间,馆藏实体文献预计年均增长 32 万册以上,数字资源年均增长 50TB 以上,至 2020 年,实体文献预计达到 1260 万册,就其藏书量来说,稳居全国第三,自建和外购数字资源总量预计达 500TB 以上。至"十三五"末,数字资源采购经费预计达到 1125 万元,占文献采购经费总额的 25%。

四、重点任务

（一）优化文献资源

完善现代馆藏体系建设,通过协调互补机制,兼顾实体资源和数字资源(含网络资源)两类资源的建设,丰富资源总量,优化资源结构。

1.完善文献信息资源发展政策

根据国内外信息环境和出版市场的形势,进一步优化馆藏结构,修改和完善文献采选条例,在购书经费的使用比例上,力争"十三五"末将外文原版纸质期刊的比例由目前的27%降至20%;中外文数字资源的比例由目前的18%提高至25%—30%。

2.构建科学合理的藏书体系

采取分层和分线相结合的构建方式,保存本书库相对独立,功能上偏重于典藏,承担起当地文献资料的收集和保存职责。其余各类文献按照读者利用率高低和到馆年限,分为流通书库(全开架)和储备书库(开架与闭架相结合)两个层次,对读者实行"藏、借、阅、检、咨"一体化的服务,充分发挥馆藏各类文献资源的作用。

3.推进重点专题文献建设

加强重点学科领域、重点专题领域文献的采访与征集,加大国学图书的购买力度,力争"十三五"末使"国学馆"内的文献数量及质量均达到国内一流水平。

4.加强多途径文献资源采集

除购买、呈缴、国际交换外,加大江苏地方文献的征集力度,加强非正式出版物(灰色文献)的征集与采访,加大珍贵文献的访购、拍卖的频度。"十三五"期间将大幅调整纸质图书和数字图书的采购比例,加大数字图书的采购比重。

5.加强馆藏信息资源的揭示和加工

力争"十三五"末将南图 2007 年后的入藏中文图书数据全部上传至 OCLC WorldCat(世界总书目),通过国际馆际互借和文献传递,提升国际传播能力;同时完成所有外文电子图书的分编工作,提高外文电子图书的利用率。

6.提供统一检索服务

依托 ALEPH 系统和自助服务一卡通系统,尽最大可能提供对南京图书馆馆藏文献乃至全省公共图书馆馆藏文献的统一检索服务。为使外文文献编目数据与国际接轨,"十三五"期间,力争全面推进 RDA 文献编目格式,努力尝试特色文献的 RDA 原始编目上传至 OCLC WorldCat。

7.推进江苏地方文献资源建设

带动全省地方文献资源建设工作,加大文献征集力度,建设特色专题文献数据库,继续完善江苏作家作品馆的文献收藏与建设,完善江苏地方文化、民国文献等现有专题资源建设。适时验收、启用自建的江苏作家作品数据库,对江苏作家协会新会员的数据进行补充工作,开展对省内作家作品的征集和补缺工作。

8. 推进特色资源开发

保证南图讲座的拍摄和及时上传,5 年可为读者提供 400 部左右的讲座视频。"十三五"期间,完成江苏地方报纸图文数据库(约 13 万条数据),民国连环画图片数据库(约 80 万张图片)、同时策划 2 个特色数据库选题进行建设。

(二)服务能力提升

作为公共文化事业单位,文化服务能力是立身之本,有的放矢地改进工作方式,不遗余力地提高服务水平,从而有效增强服务能力,是图书馆工作的重中之重,"十三五"期间,南图将在读者服务方面统筹规划、全面布局。

1. 创新服务方式

根据行业和对象需求,改变传统的服务方式,强化主动服务意识,精心组织为省"两会"代表、委员的"嵌入式"信息服务,尝试与省内市馆的联动服务。创新读者活动模式,建立若干专项读者 QQ 群或微信群,利用线上宣传发动与线下组织实施相结合的方式,策划并组织好各类阅读推广活动。加强与实体书店的联合,创新读者选书荐购的模式,给读者创造选书的便利,为社会营造出全民阅读的条件,实现多方共赢。

2. 加强全媒体服务

全媒体是人类现在掌握的信息流手段的最大化集成者,包括了所有的传统媒体和新兴媒体,加强通过报纸、杂志、电视等传统媒体的服务工作,以专栏、专题形式提供服务,开展微博、微信等新兴社交媒体的服务,以视频、短讯等形式进行全方位、广覆盖的信息传递和咨询。

3.加强面向教育、科研机构的服务

面向全省乃至全国重点教育单位和科研机构,提供有针对性的服务,加强文献传递的准确性和专业性,提高专题和定题检索、科技查新、文献查证能力,力争成为多层次、多领域、全方位的信息提供者。

4.提升品牌服务的影响力

扩大"南图阅读节"的受众对象,系统传承和发扬传统文化。举办获奖图书推介活动,提升"南京图书馆陶风图书奖"的社会影响力。创新"南图讲座"的形式和内容,继续开展南图讲座、展览基层行活动,扩大受众对象,提高受众层次。在现有品牌服务的基础上,创建"陶风微讲堂"等一到两个新的品牌,以社会接受度更高的形式推广全民阅读,培养阅读气氛。

5.加强面向特殊群体的服务

根据少儿阅读需求的现状,持续增加少儿图书数量以供借阅。在"十二五"开展的"百场公益培训"基础上,进一步加强针对老年人、未成年人、残疾人和进城务工人员等特殊群体的资源建设,开展针对特殊群体的专门培训和服务,提高他们对图书馆的利用率,充分发挥图书馆对他们的帮扶作用。

6.建设并完善"一卡通"和自助服务系统

借助"一卡通"系统来实现集中管理,广泛采用RFID技术和手机自助智能服务系统,加大自助借还服务、图书智能分拣、图书智动盘点、图书智能定位和安全防盗门禁等设备的投入,借助24小时无人值守的自助服务区,实现阵地服务各环节的机械化和智能化,有效地节约读者操作时间,方便读者检索查找,提高架位的准确度,加快图书的流通速度,真正实现向"智慧图书馆"的转变。

7.调整优化图书馆空间

根据读者阅览需求和南图自身发展需要,合理规划所有楼层的功能布局,消除重复、冗余、分散的格局,充分利用闲置空间,做好功能空间再造工作,改善读者借阅体验,开辟服务新空间,推出服务新形式,融合各类社会资源,实现"图书馆＋"服务的拓展和延伸。

(三)加强信息技术

利用最前沿的信息化技术,推进数字图书馆建设和大数据分析,根据读者需求,推进相关信息技术平台的建设,从而进一步提升公共数字文化的服务能力。

1.推进数字图书馆建设

依托国家数字图书馆推广工程作为现代公共文化服务体系建设的重要实施内容,以国家数字图书馆推广工程综合服务平台及计算基础设施建设标准为依据,以各市县数字图书馆为节点,建设覆盖全省的数字图书馆虚拟网,利用唯一标识符系统、统一用户管理系统等数字图书馆特色软件平台,实现资源的全省化服务目标。

2.开展大数据分析和研究

加强对社会发展进程中各类海量数据(包括读者移动数

据)的采集与保存,建设读者知识管理体系,搭建以读者(移动)资源为主要内容的读者自媒体知识管理平台,充分发掘数据所含的信息价值,为开展专业化知识信息服务提供数据支持。在重视网络化、数据化建设的同时,还要对内部业务工作和读者服务过程中产生的大量数据进行发掘与整理,特别是对有关馆藏文献信息资源利用和读者信息行为的各类数据进行挖掘与分析,为馆藏发展政策和用户服务政策调整提供数据支持。全面准确收集分析广大读者的文化需求,建立健全以读者需要为导向的数字资源建设和服务机制。

3. 推进信息技术相关平台建设

与各种形式的图书供应商、资源供应商进行合作,借力"你阅读我买单"的惠民服务方式,积极开展图书网络借阅平台建设,力争实现线上与线下一站式服务的图书外借服务,努力打通图书惠民最后一公里,通过读者参与选书优化拓展图书馆馆藏资源结构。

4. 提高信息化管理水平

建设基于云存储、云服务和大数据的技术平台,提升信息设施管理水平,实现对各类型海量数据的有效管理、存储、分析和利用;加强业务管理系统对新的信息管理和服务环境的适应性研究与调整,完善业务统计平台,提高系统平台的运行性能和访问速度,为各项业务工作提供强有力的技术保障。

(四)发挥中心作用

江苏省古籍保护中心和江苏省公共数字文化建设中心是

带动全省图书馆相关业务工作的两个重要机构,"十三五"期间,南图将着力发挥两个中心的作用。一方面发挥省古籍保护中心统筹协调作用,进一步完善古籍保护机制,推动全省古籍普查的持续深入开展,继续做好《国家珍贵古籍名录》、国家古籍重点保护单位推荐申报工作,认真组织开展《江苏省珍贵古籍名录》、省古籍重点保护单位评选工作,加强民国文献保护工作。另一方面发挥省公共数字文化建设中心的龙头作用,全力以赴地推进三大工程建设,在服务范围方面努力实现全省覆盖。组建公共数字文化建设工作领导小组和专家咨询委员会,统筹推进三大公共数字文化工程的规划和建设,通过统筹项目建设与管理、整合信息资源与平台、强化技术应用与服务,致力于打造基于全媒体的服务新业态。

1. 完善古籍文献收藏条件

对历史文献库房进行整体提升改造,进一步完善古籍收藏条件。进行重点业务重组规划,将古籍阅览室与国学图书馆合并,建设新的国学图书馆。从资源配备、业务功能、场地设施、服务水平等多个方面,积极配合,努力提升,力争建成国内规模最大、业务有影响的品牌窗口。

2. 推进全省古籍保护工作

摸清古籍家底,完成江苏古籍普查登记工作,确保42家保护单位古籍普查成果出版。继续开展国家珍贵古籍和江苏省珍贵古籍申报。继续做好全省古籍保护工作,积极发挥全国古籍保护中心人才培训基地的作用,每年举办2期全省古籍培训班,每期培训人员20到40人。积极开展古籍保护宣传,联动全省古籍收藏单位,每年举办一次全省性的古籍活动,扩大古籍保护的影响。继续发挥省古籍保护中心龙头作用,在人员培训、古籍编目、活动开展、基础建设等各个方面发挥指导作用。每年召开全省古籍保护工作会议,协调全省古籍保护工作持续稳定开展。积极争取并合理规划古籍保护专项经费,为古籍保护工作的开展提供保障。

3. 推进民国时期文献保护工作

做好民国文献相关课题研究,推动民国文献保护工作的深入开展,根据南京图书馆近五年民国文献整理出版计划,继续开展民国画报等项目的整理出版规划。对已完成的所有民国文献展览进行整理加工,制作专题数据库。与相关收藏单位商议,联合出版《民国日报》。

4. 推进重点文献的整理、研究和出版工作

开展馆藏资源的整理开发。完成《南京图书馆藏珍贵稿本丛刊》《南京图书馆藏过云楼珍本丛刊》《南京图书馆藏民国画报汇编》《新中华》《淞沪会战资料汇编》等馆藏资源的整理出版。同时继续挖掘资源,提出可持续发展的历史文献资源整理开发计划。

5. 推进古籍文献数字化工作

"十三五"期间,完成馆藏 1 万种善本的数字化扫描,并建设数字发布平台,建设方志等多个古籍数据库。开始地图数据库的建设。尝试与有关公司合作,建设古籍印章数据库。

6. 推进古籍文献修复工作

重新改造历史文献修复室,加强修复人才的培养,启动馆

藏珍贵历史文献修复计划,进一步用修复成果提高南图古籍修复的影响力。加强古籍修复,达到并突破历史最高水平,预计每年修复 250 册左右,到 2020 年共计约修复 1250 册,比"十二五"期间多 350 册,充分展现国家级古籍修复中心的实力。此外,要发挥国家修复中心的作用,为全省古籍收藏单位提供代为修复的工作。

7. 参加国家和省重大古籍整理研究项目

积极参加国家图书馆组织开展的重大业务项目,积极申报古籍文献和民国文献保护相关的重要课题。力争在古籍和民国文献保护领域撰写一批兼具学术性与可行性的论文,从而对各项保护工作的开展起到实质性的帮助。

8. 推进全省数字文化信息资源共享工程

加强全省文化资源的数字化建设,统筹规划、协调管理全省地方特色资源建设,实现全省联合建设或统一建设。集中力量建设公共数字文化省级中心云服务平台,力促服务平台功能和数字资源使用效益的高效化,加强公共数字文化工程建设宣传推介和服务推广,运用包括大数据分析等方法和手段,全面准确收集分析广大群众的文化需求,建立健全以需求为导向的数字资源建设和精准服务机制。

9. 推进全省数字图书馆推广工程

以"江苏少儿数字图书馆"项目建设为范本,积极争取省财政专项经费,发挥省馆龙头作用,在省文化厅的支持下,加强厅系统内外文化单位之间的横向联系与业务互动,协调推进文化系统的数字资源建设与服务共享,建成一批地方特色显著、标准化规模化程度高的江苏文化数据库群。

10.推进全省公共电子阅览室建设

以推进基层公共数字文化服务平台为抓手,促进公共电子阅览室建设升级换代,整合共享工程和数图推广工程资源,以移动互联等多种方式,集约化推送服务。实现省、市、区县、乡镇街道四级电子阅览室全覆盖和全达标,硬件达到或超过国家标准,软件系统在功能方面达到国内先进水平,实现全省乡镇街道基层文化服务中心公共电子阅览室硬件达标、管理软件全面部署。在此基础上,上传共享资源数据,实现全省交互共享,着力提高公共电子阅览室使用率。

(五)引领全省业务

发挥南图的龙头馆带动作用,牵头全省图书馆业务工作,加强组织者和引导,通过全省业务培训,交流研讨以及全省合作写作平台,加强与市县馆之间的业务联系,促进全省图书馆事业全面均衡发展。加强全省总分馆制建设的业务指导,制定我省相关的建设标准规范和评价指标,各地应注重需求和效益,因地制宜发展总分馆体系。强化南图在全省发展流通服务点分馆模式,有效推进全省图书馆服务体系建设,并起到示范作用。

1.完善信息资源共享和联合服务机制

在推动本地区行业内总分馆服务体系构建的同时,充分发挥南图在文献资源、服务手段和科学管理等方面的优势,积极实施面向全社会、跨行业间的流通点建设工作,以完善信息资源共享,实现和各市、县级图书馆的联合服务,将南图服务延伸到社会的各个角落。

2.发挥全省学术交流平台作用

开展省图书馆学会学术课题组织管理工作,及时完成年度课题结项,确保每年都有新的课题立项。策划并举办全省学术年会,协助中国图书馆学会开展各项活动,组织举办全省性的学术研讨会,协助并参加兄弟省市图书馆召开的相关学术会议,并积极组织征文。

3.推动全省业务交流与合作

举办全国或全省性的各类业务培训班,逐年提升我省广大图书馆从业者的业务素质,提高业务工作中解决实际问题的能力。与各市、县(区)馆展开古籍保护、资源共建、人才培训等方面的业务合作,通过合作提高专业技能,推动相关工作的深入开展。

(六)强化科学研究

依托馆藏学术资源优势,以多种形式鼓励员工开展图书馆学、国学以及相关课题的研究,并将研究成果转化为工作方案,解决实际问题。

1.加强国学研究并推动国学传承

深化与《现代快报》的合作,主办"国学玄览堂"栏目,系统推出阐发传统文化的文章,加强《新世纪图书馆》国学研究栏目的组稿工作。继续开展"陶风读书会"活动,系统阅读传统文化中的经典作品。加强国学重点专题的研究,结合本馆古籍资源,寻求立意高远的课题。

2.加强图书馆学研究

图书馆学是图书馆事业发展的理论支撑,鼓励员工立足图书事业发展的战略高度,研究具有时代特色、学科交叉趋势明显的热点问题。结合工作实际加强基础理论研究,总结出新技术和新方法,同时不断借鉴国内外最新研究成果,加强消化吸收,获取前沿课题,形成富有原创性的新理论。

3.加强馆史研究

系统开展馆史研究,完成"十三五"期间《南京图书馆》年刊的编辑出版工作,做好每月重大工作事项的记录整理,建立南京图书馆机构知识库,为适时续写馆史做好准备工作。在纪念南图建馆 110 周年之际,整理出版馆内同仁新近研究成果系列文集。

(七)完善咨询决策

进一步培养和调动参考咨询员的积极性,提升业务水平和服务能力,不断提高各服务窗口咨询服务点咨询人员的导读能力,继续实施咨询服务的"首问责任制"。

1.提升参考咨询服务

积极接转和解答南图官方微博和微信上的用户咨询问题,积极协助"数字图书馆推广工程·全国图书馆参考咨询协作网""全国公共图书馆立法决策协作平台""长三角协作网",筹划好在江苏境内举办的培训活动和年度例会。实现为境外读者提供馆藏中文文献的借阅服务,加强对中国优秀传统文化和江苏地域特色文化的推送。

2.完善立法决策服务

进一步提高《信息荟萃》《审议参阅》《港台报摘》《对策研究》《港台资讯》等刊物的编撰水平,增强其有效性和针对性,充分发挥立法决策咨询服务的应有作用。继续做好为省"两会"的信息服务,引领和带动省内各地同类服务。建设并管理好省人大南图分馆。

3.推进科技查新工作

积极争取3至5名科技查新审核员的国家资质,尽早落实Dialog国际联机检索数据库的引进和安装工作,按照国家即将新出台的科技查新规范,成立南京图书馆科技查新中心(暂定名)。

(八)促进内外交流

系统梳理"十二五"时期的各项合作协议,切实履行协议内容,参与业界组织的各项交流活动,拓展我馆与省内外,尤其是省外图书馆的合作领域和范围。

1.策划开展国内外(港澳台)交流合作项目

根据省委省政府在公共文化方面的战略规划,主动策划、组织国内外(港澳台)的交流合作活动,持续举办"玄览论坛"活动。参与省委省政府组织的对外文化交流活动,筹备具有江苏特色的文化交流项目。

2.推动实施相关合作项目

依托本馆古籍资源优势,以文献保护、共建、共享等为专题,与国内外文化机构展开合作,传播传统文化,弘扬传统精神。加强与业界和跨行业机构的横向联系和业务互动,按照"需求导向、分工合作、共建共享"原则,共同开展相关项目的建设。

3. 加强特色资源的引进和推广工作

引进一些有较高艺术水平,又能够雅俗共赏,为广大群众所喜闻乐见的文化艺术展览资源,既满足读者不同层次、多方面的欣赏需求,又进一步扩大南图会展的影响力。引进具有较高知名度的讲座资源,以网页视频、微信公众号推送等形式进行推广。

五、保障举措

(一)加强党建工作

围绕中心工作,大力实施"四力提升"战略,不断提升党组织对图书馆事业的引领保障力、党管干部和人才的培养使用力、从严治党和依法治馆的执行力、文明创建和党建活动的创新力。

1. 开展创建和学习活动

以"省文明标兵单位"创建为主线,针对每年的形势任务,创造性地开展富有成效的党建活动,进一步增强党员的先锋模范作用和各级党组织的凝聚力、向心力。认真开展"两学一做"活动,通过多种方式和丰富载体,教育引导全馆党员干部坚定正确的政治立场,树立牢固的纪律观念,适应新常态,践行新理念,增强党员干部廉洁自律、遵纪守法的自觉性和责任感,为推进"十三五"期间全馆各项工作提供有力保证。

2. 加强领导班子作风和能力建设

坚持全面从严治党,以"七五"普法为抓手,加强党风廉政建设和反腐败斗争,落实"三严三实"要求,全面依法依规治馆,靠制度管人管事管物,严明党的政治纪律和政治规矩,落实党风廉政建设主体责任和监督责任,健全改进作风长效机制,建立清正廉明的政治生态,提升党组织对图书馆事业的引领保障能力。

3. 发挥工会、共青团作用

认真履行好工会监督职责与职能,积极发挥群众性组织作用,鼓励工会委员引领广大干部职工对我馆在日常运行过程中存在的问题建言献策,不断推进民主管理进程。关心职工,对困难职工给予更多的关怀,定期组织慰问。着力加强职工之家建设,为职工的业余活动提供整洁舒适的场地,组织安排好文体兴趣小组的各类活动。

组织开展适合年轻人的各类团队协作活动,提高共青团组织的向心力和凝聚力,丰富业余生活,发现并培养有才华的青年员工,为之提供展示的机会和平台。

4. 加强志愿者服务

志愿者服务是南京图书馆的一项特色服务,"十三五"期间,南图将延续"十二五"期间的成功做法,并有所创新,加强志愿者队伍的建设和管理,及时进行志愿者队伍的更新和补充,提高志愿者队伍的整体素质和服务能力,计划累计志愿服务时间不低于 6 万小时,使南图志愿者队伍成为读者服务的一支重要力量。

5. 发挥离退休人员作用

做好离退休人员的服务工作。定期办好《离退休通讯》,让离退休人员及时了解馆情,为图书馆事业的发展献计献策。做好生病住院以及贫困家庭人员的走访慰问工作,组织好离退休人员的集体活动。

(二)改革体制机制

根据国家和省委省政府关于文化体制改革的要求,深化内部体制机制改革,适时引进 ISO 9001 质量管理体系,提高管理水平,形成良好的运行机制和事业发展环境,从制度上为南图的事业发展提供强力保障。

1. 完善图书馆法人治理结构

逐步完善南京图书馆法人治理结构的现代管理体制,针对法人治理结构在实施过程中碰到的政策性问题展开深入研究,并提请省政府及相关部门出台配套政策。对法人治理结构实施的总体情况作全面总结,形成报告。

2. 完善绩效评估体制

完善绩效考核评估体制,打破新的"大锅饭"格局,重视按需设岗的科学性和按劳分配的原则性,建立相对公正、合理的评估体系,让绩效工资真正体现绩与效的关系。建立多元化的评价体制,进行翔实可靠的业务统计,尽可能全面真实地反映员工的实际工作情况,减少同工不同酬的现象。

3. 提升领导干部管理水平

加强领导干部的素质教育和业务培训,增强协调管理和统筹规划能力,完善业务规章制度和工作规范。通过数据积累和分析,了解员工的意见和诉求,在合理范围内尽最大可能满足员工要求。

4. 规范财务和资产管理工作

认真贯彻国家的各项财经政策、法律法规,做好日常的财务核算、财务监督工作。强化财务工作的服务和管理功能,及时为管理层和相关部门提供翔实信息,为领导决策提供可靠依据。开源节流,压缩不合理开支,做好创收工作,既保证我馆正常业务活动的顺利开展,又使各项收入的组织、支出的使用符合我馆的事业发展计划,提高资金使用效率。

5. 完善宣传工作机制

进一步完善《南京图书馆信息宣传管理办法》,发挥好南图网站、微博、微信等各种媒体的宣传作用,利用多种方式充分调动各部门通讯员积极性,提高宣传报道的力度、频度和质量。积极配合上级机关的宣传工作,及时准确地上报本馆工作中的重大信息。继续做好舆情监测工作。

(三)重视人才培养

组织开展好常规招聘工作,通过招聘新人,有效解决人才短缺的情况。加强业务骨干和管理人才的培训,为南图事业的持续发展提供后续动力。

1. 完善用人机制

进一步完善人才引进、培养、激励机制,结合面向高校应届毕业生招聘和面向社会公开招聘两种形式,重点引进古籍保护、数字化建设、图书馆情报以及文化传播等方面的专业技术人才,"十三五"期间,拟招聘引进30名研究生以上学历人才。完善社会化用工机制,加强外包人员的管理,加强志愿者队伍的建设和管理。

2. 强化领军业务人才培养

针对我馆工作中的薄弱环节,加强业务骨干的培养,创造有利条件,为想干事、能干事、干成事的中青年业务人才提供外出交流、深造的机会,力争在"十三五"期间培养一批在业界具有一定影响力的高层次专业人才,包括省"333工程"人才2名,"五个一批"人才1名,省突出贡献中青年专家1名,国务院政府特殊津贴1名,正高职称员工达30名。

3. 强化员工培训

以部门为单位,以部门业务工作为专题,加强对员工尤其是新进人员的岗位培训,提升服务窗口人员的整体服务水平,同时广泛开展图书馆基础业务知识和基本业务技能培训,充分发挥高级职称人员的业务领头作用,提高重点业务岗位从业人员素质,保证重要领域的重要工作后继有人。

4. 加强岗位管理

有计划、有目的地优化调整组织机构,优化岗位设置,以适应新的发展形势,改革人才评价制度,建立科学考评体系,切实激励肯干能干、业绩突出的员工,对艰苦务实岗位给予更多的政策倾斜。

（四）推进依法治馆

国家层面的《中华人民共和国公共图书馆法》已经到了国务院审查和征求意见阶段，有望在 2016 年出台，省级层面的《江苏省公共文化服务促进条例》已正式出台，"十三五"期间，我们将依据这两部重要法规，加强依法治馆，使图书馆各项工作在法律的轨道上顺利推进。

1. 提高干部职工法律素养

未来五年内，把增强图书馆从业人员的法律知识和法律意识作为依法治馆的关键环节，将《公共图书馆法》等相关法律作为干部职工基本素质培训的重要内容，使广大干部职工养成较高的法律素养，在各项工作中做到依法履职、依法办事，合乎规律。

2. 加强法律法规宣传

未来《公共图书馆法》颁布后，依据该法明确图书馆与读者之间的权利和义务，落实相关政策，采取相关措施，切实保护双方的合法权益，通过相关法律法规的宣传普及，增强读者的法律意识，减少读者与图书馆之间的摩擦和矛盾，创造出和谐舒适的阅读气氛。

后　　记

　　《面向"十三五"的省馆服务功能定位研究》一书终于付梓了,此时,我们的心情可谓感慨良多。当然,最主要的还是感恩之情。

　　首先,我们要感谢江苏省文化厅副厅长方标军先生在担任南京图书馆党委书记、兼任江苏省图书馆学会理事长期间,对我们课题组申请立项和结项时给予的鼓励和肯定!感谢南京图书馆法人代表、馆长、教授、博士生导师徐小跃先生对我们课题研究的指导和帮助!感谢我的战友、绍兴籍书法家、浙江省上虞图书馆原党支部书记金伟解先生为本书题写书名!

　　其次,我们要感谢国家图书馆出版社资深编辑金丽萍女士,正是因为有了她耐心细致的指导,使得本书得以出版!感谢国家图书馆出版社有关领导、专家和工作人员!感谢全国公共图书馆参考咨询工作领军人物——国家图书馆参考咨询部主任王磊先生,感谢他的穿针引线、热情推荐!

　　再次,我们要感谢本书各章参考文献中所列论著的作者们,以及我们所阅读过的每一篇文献的作者,也许我们会有所遗漏，但我们必须向他们中的每一位致以崇高的敬意！因为，本书许多内容只是在对他们所阐述的论点、观点和知识进行的一些整合或重构，一些创新之处，也是在他们思想的激发下产生的。

最后，我们要感谢各级领导、有关专家、同事、同行特别是我们的家人，他们始终在以各种方式方法义无反顾地支持着我们一路走来！感谢南京图书馆馆员贝坚先生利用自己的专业特长，为本书进行封面设计！

希望本书能够有助于学习、应用创新、协调、绿色、开放、共享"五大发展理念"于图书馆工作实践，助推公共文化服务体系建设，丰富现代公共图书馆理念的研究内容，对图书馆界同行研究、落实"十三五"业务发展规划，特别是在确定各自的服务功能方面提供一些参考借鉴。

我们更愿以此书献给南京图书馆（1907—　）即将到来的110周年生日，祝愿她在第二个百年，伴随着祖国现代化建设的强劲脚步，百尺竿头，更上一步，创新发展，青春永驻！

王　兵

2016 年 10 月 2 日于南京